월 매출 2억을 올리는 워킹맘의 세일즈 비밀

월 매출 2억을 올리는 워킹맘의 세일즈 비밀

이현주 지음

매일경제신문사

Prologue

사람들은 무엇에 이끌려 돈을 쓰는가?
사람들은 무엇에 가치를 느끼는가?
사람들은 어떤 서비스를 제공해야 다시 나를 찾는가?

중소기업 회사의 MD로 근무하고 있는 30대 중반 워킹맘. 어느 늦은 밤, 희고 긴 타원형 세라믹 식탁에 디퓨저를 옆에 가져다 놓고 앉는다. 매일의 루틴인지 흐뭇한 얼굴로 패드에 무엇인가를 쓰고 있다.

나는 매일 모든 면에서 나아지고 있다.
나는 된다. 더 잘된다.

책을 좋아하고, 사람을 좋아하고, 그렇게 하루를 보내던 육아맘이 어느 날 워킹맘으로 변해 있었다. 전화 한 통으로 시작된 MD의 업무. 함께 근무했던 옛 동료 중 일부와 함께할 수 있다는 기쁨 하나로 일을 시작한 것이 2019년 1월이다. 대학교 졸업과 동시에 시작한 경제 활동. 여러 일을 동시에 하는 'N잡러'를 20대부터 해왔던 나였기에 어떠한 일이든 시켜만 주면 할 수 있다고 생각했다. 대형 마트에서 N브랜드 신발 판매, 통역, 영어 과외, 공부방, 학원강사, 출판사 근무, 식당보조, 경리, 총무, 사무보조, 기획, 세미나 강의, 해외 출장과 해외 연수의 경험 등 무슨 일이든 할 준비가 되어 있다고 생각했지만, 내가 새롭게 할 일은 나를 '경단녀 워킹맘'으로 정의 내려주었다.

e커머스 시장에서 MD로 근무하며 겪은 다양한 경험들은 나를 더욱 단단하게 만들어주었다. 새로운 시장에 대한 정보와 그 세계 사람들의 질서와 문화를 폭넓게 경험했다. 그들 사이에서 살아남기 위해 차별화된 나를 만들어야 했고, 그 과정을 이 책에 담아냈다. 아무것도 모르고 시작한 매출 0원의 경단녀에서 현재 한 회사의 월 매출 2억 원을 올리는 워킹맘이 되기까지의 과정과 기록을 일부 실었다.

우리의 뇌는 놀랍거나 기억에 깊이 남아 있는 상세한 일들을 감정까지도 세밀하게 그릴 수 있게 저장한다. 이것을 '섬광 기억'이라고 한다. 워킹맘이 겪어야 했던 실패와 좌절의 순간까지 모두 내 기억에 남았다. 일이 뜻대로 되지 않자 퇴근 후 주차장에서 동료를 껴안고 울던 저녁 7시 30분의 기억. 하나의 상품으로 매출 4억 원 누적 달성으로 상여금을 받고 소리치던 그 순간! 여러분에게도 이런 기억이 있는가? 좌절의 순간과 기쁨, 환호의 순간 말이다. 경험하지 못한 이들의 글은 그 감동을 전달할 수 없다. 하지만 나는 그 과정들을 겪었고 현재도 근무하고 있기에 계속해서 변화하는 시장을 생생하게 전달할 수 있다.

물론 어떤 내용들은 독자 여러분을 불편하게 할 수 있겠지만, 그런 내용을 바탕으로 반면교사(反面教師)로 삼는다면 현재보다 좋은 성과를 얻을 수 있다고 믿는다. 이 책은 실제 사례를 바탕으로 하고 있고, 내가 제시한 마케팅 방법이나 세일즈 방법이 독자의 생각과 다를 수 있다. 하지만 나는 명확한 분석과 노력이 중요하고, 사례를 적용할 때 그 상황과 시간에 따라 결과는 다르게 보일 것이라고 확신한다. 그리고 이 책을 읽고, 그 사례들을 제대로 활용하는 독자라면 매출과 경험에서 보상받을 수 있다고 확신한다.

사회 초년생부터 30대 중반을 거치며 나는 다양한 세대를 경험했다. 흔히 말하는 'MZ세대'와의 협업, 그 사이에서 나는 '꼰대'인지 '낀대(꼰대와 요즘 세대 사이에 낀 세대를 말하는 신조어)'인지 선을 그어야 하는 정체성의 혼란을 겪기도 하지만, 자본주의에서 살고 있고, 살아남으려면 시대의 흐름에 적응해야 한다는 것을 알게 되었다. 사람과 함께 살아갈 수밖에 없는 사회에서 결과를 내려면 좋은 관계를 유지해야 한다. 그리고 시작은 '소통'이었다. 나는 회사 근무 중

소통에 어려움을 느껴 잠시 길을 잃었을 때, '한국책쓰기강사양성협회'의 김태광 대표코치님과 출판사 위닝북스의 권동희 대표님을 찾았다. 성공 MBA, 독서 MBA 등 다양한 과정을 통해 의식성장과 책 쓰기의 중요성에 대해 알게 되었다. 소중한 사람과 함께하고 싶다면, 앞으로 더 성장하고 싶다면, 내가 어떤 면에서 부족함을 느낀다면, 그 분야의 최고에게 가서 배워야 한다. 그리고 노력한다면 반드시 원하고자 하는 것을 얻을 수 있을 것이다.

나는 이 책을 통해 움츠리고 있는 경단녀, 워킹맘, 현재 구직 활동을 하고 있는 모든 사람이 일어나서 도전하기를 바란다. 모르고 있을 뿐이지, 세상에는 할 일이 너무 많다. 노트북, PC, 심지어 휴대전화만 사용해도 바로 집 주변에 있는 새로운 근무지를 찾을 수 있을 것이다. 우리는 모두 소중한 사람이다. 이 책이 여러분에게 '나도 할 수 있겠다!'라는 작은 믿음의 씨앗이 되었으면 좋겠다.

또한 나는 이 책이 상품 소싱, 기획 등 현업에서 어려움을 느끼고 있는 분들에게는 웃으며 과거를 추억하고 다시 초심을 되새기는 계기가 되길 바란다. 누구나 아는 내용일 것이지만 내가 이룬 것은 그 아는 것으로 만들어낸 결과이다. 시대가 변했다. 그리고 계속 변할 것이다. 현명한 소비자는 어설픈 스토리로 지갑을 열지 않는다. 같은 상품을 판매해도 어떤 곳은 십만 원대의 매출을 올리지만, 어떤 곳은 백만 원대의 매출을 올리기도 한다. 무엇이 이런 차이를 만드는 것일까? 이 책을 통해 어떤 식의 방법으로 기획하고, 판매하는지 방향성을 잡을 수 있는 계기가 되면 좋겠다.

새로운 도전 앞에서 망설이는 자신을 발견한 적이 있는가? 나 역시, 아무것도 모르고 시작한 경단녀였다. 이 책을 읽고 나서 도전하는 것이 두렵지 않은 여러분이 되길 바란다. 그것이 바로 나의 바람이자 소망이다.

상대가 원하는 것을 정확하게 꿰뚫고, 질문에 명확히 답한다. 그리고 문제와 니즈에 빠르게 피드백해야 한다.

소비자는 가치가 있는 곳에 시간을 투자한다. 나는 지금 당신이 이 책의 가치를 알고, 다음 장으로 넘어갈 것이라는 사실을 알고 있다. 이 책의 기록들이 당신의 시간을 아껴주기를 바란다. 그리고 당신에게 나의 진정성이 전달되기를 바란다. 새로운 도전을 하는 분들에게 조금 먼저 도전한 워킹맘의 스토리가 담긴 이 책이 하나의 사례집, 가이드가 될 수 있기를 바란다. 마지막으로 내가 겪은 위기를 어떻게 기회로 넘겼는지까지 모두가 담겨 있는 워킹맘의 MD 기록을 이제부터 확인해보기를 바란다.

워킹맘 MD 이현주(Julee)

추천사

하루를 살아도 밑 빠진 독에 물을 붓는 것처럼 채워지지 않는 삶을 사는 젊은이들, 자신이 하는 일이 무슨 일인지, 그리고 왜 해야 하는지 모르는 중장년들, 미래를 위해서라고 자녀를 위해서라고 버텨내려는 그들에게 한번쯤 물어보고 싶습니다.

"지금 당신이 하는 일은 가치가 있습니까? 왜 일합니까? 그 일을 통해 당신은 무엇이 되길 원합니까?"

삶, 일터 소명, 자신이 해야 하는 일에 대한 목적의식에 대해 명확하게 알고 싶은 자들에게 추천하며, 진정으로 가치 있는 인생을 살아가기 위한 자들에게도 이 책을 추천합니다.

-한국책쓰기강사양성협회(한책협) 대표코치 김태광

나는 세 아이를 둔 워킹맘 여성 CEO이자 200억 원 자산가다. 평소에 다양한 세일즈 마케팅에 관심이 많았다. "스토리가 매출을 키운다"라는 저자의 말처럼 고객이 필요하지 않아도 구매하는 데는 비밀이 따로 있다. 특히, 요즘은 비싸도 꼭 구매하는 상품들이 존재한다. 저자의 경험과 실전 판매 마케팅 법칙이 많은 도움이 되었다.

끄덕이고, 빠져들고, 사게 만드는 비법이 고스란히 담긴 책이다. 꼭 워킹맘이 아니더라도 영업초보라면 또는 사업을 하는 사람이라면 디테일하고 섬세한 세일즈의 비밀을 알게 될 것이다. 자신이 하는 일에 사명감과 자신감을 불어넣어줄 것이다. 이 책을 강력 추천하는 이유다.

–《부와 행운을 끌어당기는 우주의 법칙》 저자, 한책협 이사 권동희

현명한 소비자의 마음을 가지는 일은 결코 쉬운 일이 아닙니다. 설득을 넘어 소비자의 생각과 습관, 그리고 소비패턴을 바꾸는 것을 알려주는 실전 노하우가 담겨 있는 이 책은 경단녀를 포함해 청년들, 그리고 새로운 일에 도전하는 모든 이에게 추천하고 싶습니다.

–블랑풀, 배배꼬 대표 구회환

세일즈에는 마법이 필요하다. 그것도 스토리가 있는 마법. 이 책의 저자는 마법사다. 소비자와 제품이 마주치는 그 순간 소비자는 생각한다. 그리고 제품을 이해하는 순간 마법의 스토리는 구매라는

절정으로 마무리된다. 충동적이라도 내 손에 들려 있다는 안도감과 쟁취감으로 스토리는 다음 스토리를 준비한다. 그것이 제품을 뛰어넘는 마케팅이며, 실전 판매의 노하우인 듯하다. 스토리가 매출을 어떻게 키우는지 궁금하다면, 시작이라서 브랜드가 약하다면, 저자의 실전 경험이 고스란히 담겨 있는 이 책을 추천하고 싶다.

– "남자가 갖고 싶은, 여성에게 선물 받고 싶은, 스토리가 있는 MD638",
주식회사 혜윰코스메틱 대표 최종갑

상품을 잘 파는 것이 아니라 팔리는 상품을 기획하는 것이 MD의 역할이다. 또한 죽은 물건도 다시 살리는 것 또한 MD의 역할이다. 이 두 마리 토끼를 이 책을 통해 잡을 수 있다.

–단슐랭, (주)더크루 대표

삶에 지치고 공허함에 힘들어하는 당신에게 큰 힘이 되어줄 이현주 작가의 책을 소개합니다. 늘 뜨거운 가슴을 가진 작가의 글은, 오늘의 도전을 두려워하고 내일을 걱정하는 당신에게 용기를 더해줄 것이라고 믿습니다.

실천하는 열정이 내 삶을 어떻게 변화시켜줄 수 있는지 용기와 꿈을 알려줄 것입니다. 자신의 열정과 진심을 전달하는 탁월한 능력을 지닌 이현주 작가의 책이 많은 분들께 희망의 메시지로 전달되길 기원합니다.

–제나셀 총괄 본부장 성경진

직업에는 귀천이 없습니다. 도전하는 자가 더 많이 나아갈 수 있다는 것을 보여주는 책입니다. 바닥에서 시작해 목표를 이룰 때까지 더 나은 미래를 위해 끝까지 노력하는 일련의 과정들을 담은 책입니다. 하루를 보내면서 시간 단위, 십분 단위, 어떻게 소중하게 주어진 시간을 사용했는지 기록한 것을 보면서 독자들도 매사에 도전하고 견뎌내면 달콤한 결과로 보상받는다는 것을 확인할 수 있습니다.

–대전 서구 리틀야구단 감독, 한화이글스 전 야구선수 고상천

목 차

BeSt
Selle

1장

돈 쓰지 않고 매출을 올리는 방법이 없을까?

BeSt SelleR

나는 매출을 정말 올리고 싶었다

'확신의 힘'으로 믿고 구했다

"MD님, 주말 일정으로 들어갔던 양말 판매가가 옵션가로 설정되어 있었던 것 같아요. 고객들이 댓글을 남겨서 저도 알았어요. 한번 보셔야 할 것 같아요."

월요일 아침, 오전 10시까지 출근하는 탄력근무제를 선택한 나는 오후 5시에 퇴근하기 위해 늘 그렇듯 9시 30분까지 출근한다. 그리고 저조한 주말 매출에 자책하듯 고개를 숙이며 문을 열고 들어가는 순간, 사수 MD가 나에게 말을 건다. '이런, 또 무엇이 잘못된 것인가. 하아, 웬만하면 톡으로 남기지. 대표님과 본부장님도 계시는데 내 실수를 만천하에 떠벌린담.' 괜히 나보다 어린 사수가 얄미워진다.

나의 실수를 미리 알려주어 빠르게 수습하도록 도와준 고마움보다 서운함이 더 커지는 순간이다. 왜 내가 오기 전에 가격을 수정하지 않았을까 하는 서운함이 가득하다. 이렇게 한순간의 실수로 주말 매출을 책임져주는 하나의 타임이 날아가버렸다. 그 시간은 골든타임이었다. 그리고 그 상품에 대한 댓글을 보았을 때, 상타(판매 시 높은 구매 전환율이 예상되는 경우를 말함) 상품 기준에 속해 있었다. 그러므로 만약 제대로 설정만 되었다면 최소 30만 원에서 50만 원의 매출이 나왔을 거라고 예상되었다.

필리핀에서 영어영문학과를 졸업한 나는 정말 숫자보다는 글을 좋아하는 사람 중 하나다. 그런 사람이 e커머스 회사에서 MD로 일하고 있다니 너무나도 웃기는 상황이다. 단순히 경단녀로 갈 곳이 없어 취직한 것만은 아니다. 20대부터 함께했던 전 직장 동료분들이 창업하셨다며 연락을 주신 것이다.

'제발, 나도 같이 일하고 싶다'라고 생각하고 있었는데, 마침 본부장님이 함께 일해보자고 하셔서 앞뒤 안 가리고 그러겠다고 했다. MD가 아니라 발주팀, 아니 그 어떤 팀이라고 해도 들어갔을 것이다. 그만큼 예전 동료들과 함께 일하고 싶은 마음이 컸다. 그런 그들에게 힘이 되고 나 자신도 할 수 있다는 것을 보여주고 싶었다. 그런데 계속 실수하는 모습만 보여주고 있어 너무 비참했다. 기존 매출을 유지하지도 못하니 더욱 죄스러운 마음이 가득했다.

"응, 업무는 간단해. 상품 하나 골라서 등록하고, 글 써서 올리면 소비자들이 구매할 거야. 그러면 구매 내역을 취합해서 엑셀로 거래처에 보내면 돼."

내가 처음 맡은 일은 SNS 플랫폼 중 하나인 카카오스토리에 자사몰을 운영하는 것이었다. 상품을 선정해 카카오스토리에 업로드하고 소비자의 주문을 받아 거래처에 발주서를 보내면 되는 것이었다. 물론 고객들과 소통하는 일부터 결제창 생성 및 상세페이지 관리 등 다양한 업무들이 있었다. 하루의 업무를 이렇게 간단하게 글로 표현하니 너무나도 쉬워 보이지만, 실제로 그 과정은 다음의 표처럼 간단하지만은 않았다.

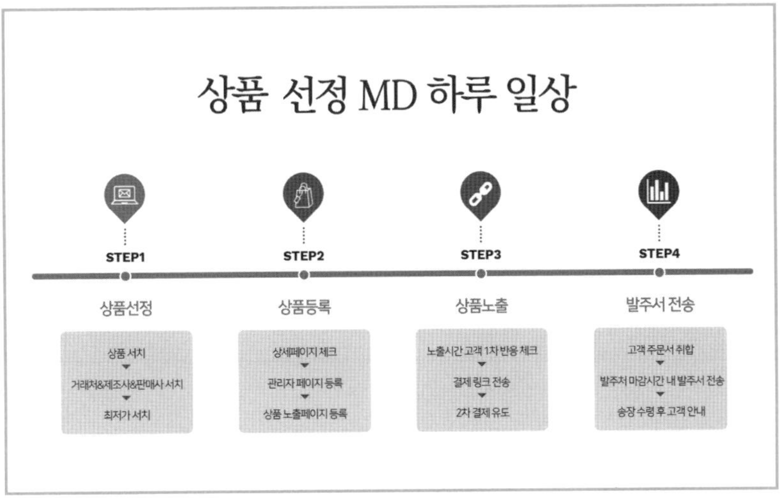

〈상품 선정 및 판매 프로세스〉

[출처 : 저자 작성]

운영하는 자사몰도 여러 개지만 그 자사몰마다 소비자의 니즈가 달랐다. 육아맘들이 모여 있는 쇼핑몰이 있는가 하면, 리빙, 뷰티를 원하는 쇼핑몰도 있었다. 그뿐만 아니라 다이어트, 건강을 원하는 쇼핑몰도 있었다. 그렇다면 나는 하루에 제각각 다른 카테고리의 상품을 찾아야 하는 것이었다. 하루에 세 번의 타임에 상품을 노출해야 했다. 그러므로 찾아야 하는 상품은 최소 6개 이상이어야 했다. 중복으로 노출시킨다고 해도 말이다.

본부장님은 처음 내게 달콤하게 업무를 포장해 말씀하셨지만, 실제는 그렇지 않았다. 탄력근무제를 선택해도 충분히 소화할 수 있을 거라고 말씀하셨는데, 실제로는 그 시간 안에 일을 마치고 집에 가는 것이 절대 무리였다. 적어도 MD 업무가 처음인 나에게는 그랬다. 그것도 숫자 바보, 쇼핑에는 흥미가 없는 경단녀에게는 더욱 그랬다.

'일과 삶의 균형'을 뜻하는 신조어인 '워라밸'이라는 말을 들어본 적이 있을 것이다. 그것은 누구에게 해당하는 말일까? 나 자신에게 물어보았다. 상품 등록이야 집에서 해도 되는 업무였다. 하지만 처음이다 보니 상품 선정부터가 쉽지 않았다. 적합한 상품을 찾아도 상품을 공급받아야 하는 제조사를 찾는 것부터가 문제였다.

우리 회사는 신규 회사이다 보니 매출이 크지 않았다. 어떤 거래처는 매출이 적은 우리 같은 회사에 제품을 주지 않으려고 했다. 그들의 거절 멘트는 '상품 예약 판매 마감'이었다. 그런데 나는 참으로 눈치도 없이(일머리가 없으면 눈치라도 있어야 했는데…), 아무것도 모르고 거절하는 거래처에 웃는 이모티콘을 보내며 대기하겠다고 답변했다. 그러나 그 멘트가 거절의 완곡한 표현이라는 것을 알기까지는 그리 오랜 시간이 걸리지 않았다.

그러다 협력사인 A사로 교육을 받으러 갔다. 그곳에서 상품 선정 및 상품 노출 시 사용하는 글 작성 방법, 거래처와의 소통 방법 등 다양한 노하우를 교육받았다. 그 당시 협력사의 S차장님은 이전 회사에서부터 나와 함께 일해온 분이었다. 나는 그분의 교육을 받다 순간 울음을 터뜨리고 말았다. 당당했던 예전 내 모습은 어디로 가버리고 매출이 저조한 MD로서 협력사에 교육을 받으러 온 나 자신을 돌아보는 것이 너무 힘들었던 것이다.

나는 단기간에 매출을 끌어올리고, 활동 사용자를 올린다.
그리고 소싱 MD로 넘어간다!
우리 회사에 상품을 주지 않는 거래처에게 나 역시 똑같이 돌려줄 것이다. "예약이 가득 찼습니다"라고!

사수 MD는 1년 동안 내가 하고 있는 그 업무를 했다고 했다. 나의 목표는 그 1년이란 시간을 줄이는 것이었다. 집에 가는 시간은 저녁 7시, 8시로 딱히 정해지지 않았다. 명절이면 상품 등록 개수가 정해져 있어서 노트북을 들고 시댁에 가야 했다. 명절이면 고객들이 결제하지 않을 것을 염려해 휴대전화로 고객의 댓글 알림만 오면 무조건 결제 링크를 달았다. 한 명도 놓치고 싶지 않았다. 쇼핑을 싫어하던 나였는데 어느 순간 각각의 쇼핑몰 어플들이 휴대전화에 다운받아져 폴더로 생성되어 있었다. 거래처들이 노출하는 방법과 어떤 상품들이 시간대별로 상단에 노출되는지 알고 싶었다. 그렇게 상반기를 보낸 어느 날, 본부장님이 부르셨다.

"상품 소싱하는 방법을 알려줄게. 이제 소싱을 시작해보자."

6개월이라는 시간이 흐른 후, 상품 선정 MD를 병행하면서 소싱 업무를 하게 되었다. 많아진 업무가 힘들지 않느냐고 묻는 이들도 있었다. 또는 직접적으로 급여가 올랐냐고 묻는 이들도 있었다. 하지만 나의 생활은 변함이 없었다. 근무시간은 업무가 마감될 때까지였다. 급여 또한 같았다.

다만, 개인적인 성취감은 높았다. 내가 보탬이 된다는 사실 하나만으로, 그리고 MD로 성장하고 있는 나 자신을 보는 것이 행복했다. 한번은 CS 또는 물류팀으로 보직을 변경해달라고 면담을 신청한 적이 있는데, 그때 MD로 우뚝 설 수 있다고 격려해주신 대표님과 본부장님, 그리고 동료들이 내게는 큰 힘이 되었다.

나는 단기간에 매출을 끌어올리고, 활동 사용자를 올린다.
그리고 소싱 MD로 넘어간다!

확신의 언어가 실행되는 순간이었다. 일본 최대 통신사인 소프트뱅크의 창업자 손정의는 이렇게 말했다.

"죽을힘을 다해 정보를 모으고, 죽을힘을 다해 궁리하며, 죽을힘을 다해 선택지를 찾아낸 다음, 그 온갖 선택지 중에서 99.99%를 제거하고 하나로 압축한다. 이것도 하고 저것도 하고 전부 다 하는 것은 전략이 아니다."

상품이 깡패다

나는 매일 모든 면에서 나아지고 있다

새벽 4시 30분. 어김없이 알림이 울리기 시작한다. 바로 남편이 교대근무를 하러 나가는 시간이다. 아침을 차려주지는 않아도 잘 다녀오라고 인사는 하는 부인이다. 그렇게 새벽 일찍 남편이 출근하고 나면 나는 바로 휴대전화를 켜고 밤새 올라온 상품들을 보기 시작한다.

각각의 쇼핑몰마다 메인 시간이 다르다. 그 시간대에 올라오는 상품 또한 다르다. 나는 어떤 상품이 노출되었고, 또 그 반응은 어떤지 미리 확인한다. 내 일과의 시작이다. 이때, 링크를 모아두면 오전 업무가 조금 수월해진다. 그리고 퇴근 시간도 조금은 단축된다. 워킹맘의 찐 노하우다! 그렇게 휴대전화로 여러 쇼핑몰 살피기를 반복한다. 그러다 보면 같은 상품이 여러 쇼핑몰에서 노출되는 것을 알 수 있다. 분명 대박 상품일 것이다. '좋았어!' 바로 판매사 또는 유통사만 찾으면 오늘의 상품 선정은 수월하게 마무리될 것이다. 그런 기대감에 나는 아침부터 콧노래를 부르며 출근 준비를 시작한다. 그렇게 워킹맘의 하루는 시작된다.

네이버, 쿠팡, 11번가, 위메프 등 웹사이트에 있는 쇼핑몰들에서는 같은 상품 또는 유사한 상품들을 많이 볼 수 있다. 심지어 어떤 상품은 상세페이지와 가격마저 같다. 물론 같은 판매사 상품이어서 그럴 수도 있다. 때로는 같은 상품을 이미지만 다르게 해서 판매하는 경우도 있다.

그렇다면 왜 같은 제품을 여러 업체가 파는 것일까? 답은 그 상품에 대한 수요가 많기 때문이다. 그런데 여기에도 비밀이 하나 숨겨져 있다. 내가 관리하던 몰 역시 다양한 상품들을 다루고 있었다. 그만큼 판매율이 높은 대박 상품들을 가져오려면 정말 열심히 손품을 팔아야 했다. 그리고 끊임없이 구애해야 했다.

대박 상품들은 대형 쇼핑몰들에 1차 납품되는 게 당연시되었다. 그래서 내가 몸담고 있던 회사에는 좀처럼 기회가 오지 않았다. 새벽에 그렇게 열심히 검색한 것들이 정작 일정을 채우지 못하면 무용지물이 되는 것이다. 그래서 MD들 사이에는 이런 말이 오간다.

"상품은 깡패다!"

이 세상에서 제일 치사한 게 무엇이라고 생각하는가? 어떤 이들은 싸울 때 나이를 따지는 것이라고 하고, 또 다른 이들은 계산할 때 서로 누가 낼 것인지 눈치 보는 것이라고 한다. 그중 내 마음에 가장 와닿는 것은 바로 '주었다 뺏는 것!'이다

한번은 정말 어렵게 A상품을 진행하게 되었다. 이 상품은 다른 업체 MD에게서 전달받은 상타 제품이라고 했다. MD끼리도 매출이 좋은 제품은 공유하며 팁을 주고받는 경우가 있다. 어렵게 얻은 제품이라 기쁨에 취해 있는데 갑자기 유통사로부터 연락이 왔다. 재고가 부족해 우리 회사와는 진행이 불가하다는 것이었다.

철저하게 '을'이 되어본 적이 있는가! 굳이, 판매사와 유통사 이 두 관계 중 '갑'과 '을'을 구분해야 한다고 하면 내가 속한 이 업계에서는 상품의 유통권을 가진 사람이 '갑'으로 보인다. 상품이 있어야 팔 수 있지 않겠는가! 그런데 이 내용 또한 손바닥 뒤집듯이 뒤집을 수 있다. 만약, 상품이 그 누구도 찾지 않는, 소비 욕구가 없는 상품이라면 유통사가 '갑'일 수 있을까? 그러니 '상품이 깡패다'라는 말이 있는 것이다.

나는 이 업계에서는 대박 상품만 있으면 인정받을 수 있다는 것을 알게 되었다. 내가 그렇게 원하던 상품을 일정에 넣지 못했을 때

의 좌절감은 잊을 수가 없다. 그래서 한번은 본부장님에게 푸념하듯이 말했다.

"본부장님, 그 업체에는 저희 상품 주지 마세요. 꼭이요. 저한테 상품 안 줘서 속상하단 말이에요."

"어, 그래? 그럼 진짜 주지 말까?"

본부장님은 그렇게 웃으며 넘기셨다. 나는 알고 있다. 그러면서도 본부장님은 그 업체에 제일 먼저 이모티콘을 보내리라는 것을 말이다. 정중하게 제안서와 이미지를 보내리라는 것 또한 알고 있다.

우리는 그 당시 생존이 목표였다. 그래서 찬물, 더운물 가릴 처지가 아니었다. 그런 상황이었지만 그렇게라도 내뱉지 않으면 답답해 미칠 것만 같았다. 그렇게 한 공간 안에서, 대표님을 포함한 모두가 모니터 앞에 앉아서 내 푸념 섞인 혼잣말을 들어야 했다. 그때는 나라도 속엣말을 뱉어야 속들이 시원하지 않을까 싶었다.

"아니, 왜 안 주는 거야! 우리도 잘 팔 수 있을 것 같은데!"

그러던 어느 날, 드디어 우리에게도 대박 상품이 터졌다. 일명 '상타 제품' 말이다. 사수 MD가 기획했던 베개였다. 온 가족이 베고 잘 수 있는 베개였는데, 유아 버전과 성인 버전으로 나누어 상세페이지를 기획한 것이 신의 한 수였다. 그리고 그 당시, 유아 모델로 사랑하는 내 아이가 처음 모델이 되었다.

나는 아이의 고개만 들어서, 성인이 사용하는 방향과 반대로 베개를 돌려 사진을 찍었다. 유아의 경우 목에 무리가 가면 안 좋을 것을 염두에 두고 촬영에 임했다. 그리고 사진 안에 문구를 삽입함으로써 상품의 소구점(광고가 소비자에게 호소하는 부분)을 부각했다. 이것으로 대박 상품을 만들어낸 것이다. 그렇게 우리 회사의 이름이 알려지면서 내가 원하는 상품들도 하나씩 얻을 수 있게 되었다. 그뿐만 아니라 다양한 상품을 공유할 수 있는 MD들과 키맨들을 알아가게 되었다.

명확한 목표와 방향만 있다면, 그리고 그것을 얻기 위해 성실하게 노력한다면 모두 성취할 수 있다고 생각한다. 새벽 4시 30분만 되면 일어나 상품을 조사하던 습관 덕분에 이제는 상품을 보면 어느 플랫폼에 맞는지 느낌으로 알 수 있게 되었다.

처음 이 일을 시작했을 때의 나는 상품 공급을 문의하던 풋내기 MD였다. 오후 5시에 퇴근할 수 있기를 바라던 워킹맘이었다. 그런데 1년이라는 시간이 지나 어느덧 상품을 먼저 제안받게 되었다. 이제는 내가 상품을 제안하는 사람으로 성장해 있었다.

나는 매일 모든 면에서 나아지고 있다.

〈유아 모델 컷〉

[출처 : 저자 제공]

TIP | 워킹맘의 기획 꿀팁!

침구류같이 우리 몸에 직접 닿는 상품의 경우, 따뜻한 이미지인지 또는 시원한 이미지인지 선택하는 것이 중요하다. 바로 색상으로 소비자들의 구매 욕구를 자극하는 방법이라고 하겠다.

SNS로 소싱하는 방법

양적 팽창은 질적 전이를 낳는다

만약, 당신이 월 1억 원의 매출을 올리는 MD라고 가정해보자. 10개의 상품으로 1억 원의 매출을 올리겠는가? 아니면 20개의 상품으로 1억 원의 매출을 올리겠는가? 현재 나는 100여 개의 상품을 관리하는 MD다. 소싱의 '소'자도 모르던 MD가 이렇게 많은 상품을 진행하기까지는 정말 큰 노력과 도움, 그리고 시간이 필요했다.

앞서 질문에 내 대답은 후자였다. 본부장님은 항상 대박 상품을 늘리면 된다고 말씀하셨지만, 대박 상품을 만나는 것이 내게는 그리 쉬운 일이 아니었다. 나보다 소싱을 6개월 먼저 시작하고, 영업은 함께 시작한 사수 MD는 많은 상품을 진행하고 있었다. 이미 매출이 보장된 상품을 가지고 시작하는 것과 하나도 없이 시작하는 것은 달랐다.

“인생 참 어렵네. 뭐 이렇게 하나 쉬운 게 없어”, “채널 MD 할 때도 등록하고 팔면 된다고 했었다. 그런데 소싱하고 기획만 하라고 하더니 이제는 영업까지 하라고 하시네. 아니 뭐야 도대체….” 푸념과도 같은 혼잣말을 연거푸 뱉으며 커피를 마시는 일이 나 스스로를 위로하는 일이었다.

반응이 터질 것 같은 상품만 진행하는 것은 전문가의 영역 같았다. 그런데 많이 소싱하다 보면 아무것도 모르고 소싱하던 것이 정말 아무것도 모르고 소싱하는 것이 아닌 것이 되어버린다. 터지는 상품 위주로 소싱이 되는 것이다. 처음에 소싱에 대해 잘 모를 때는 당연히 닥치는 대로 소싱을 하는 수밖에 없었다. 무기가 없는데 이것저것 따질 게 있겠는가? 그렇게 하나하나 쌓인 소싱의 경험이 실력이 되어 더 좋은 상품을 볼 수 있는 인사이트를 가지게 해주었다.

무엇이든지 반복과 노력이 중요하다

돈이 되는 소싱을 하려면 무엇보다 시장의 흐름을 알아야 한다. 인터넷을 사용할 때 사람들이 가장 많이 이용하는 곳은 어디일까? 나는 네이버라고 생각했다. 네이버 인기 검색어처럼 가장 많이 시선을 멈추는 곳, 또는 이슈가 되는 곳을 따라 움직였다. 사회에 별다른 이슈 거리가 없을 때는 뉴스, 기사, 쇼핑, 책 등 일반적으로 사람이 움직이는 흐름을 따라 나도 움직였다. 상품을 찾는 동안 괜찮은 기사 또는 상품이 있으면 URL 주소를 모아 메모장에 저장해 두었다. 또는 캡처를 해두어 유사 상품이 현재 시장에 판매되고 있는지 확인해보았다. 이렇게 1차로 인터넷의 흐름을 파악한 후 SNS를 찾아보았다. 흔히 우리가 알고 있는 페이스북, 인스타그램 등의 SNS와 그 외에도 다양한 플랫폼에서 조사하며 신규 상품을 찾아 나섰다.

'제조사, 판매사들도 사람들이 모이는 곳에 홍보하지 않을까?'

너무나 당연한 생각이었다. 업체들은 자신의 상품을 마케팅하기 위해 기사를 올리고, 여기저기 광고하며 홍보했다. 나는 소싱을 하는 근무 시간에는 거침없이 달려들어 소싱에만 집중했다. 내가 담당하고 있는 폐쇄몰(폐쇄된 공간, 즉 특정 사람들에게만 물건 혹은 서비스를 판매하는 온라인 마켓) 시장과 맞다면 바로 본사 또는 판매 유통사에 전화를 걸었다. 그리고 담당자에게 판매가 가능한지를 확인했다. 그야말로 직접 찾아가지만 않았지, 문 앞에서 노크하는 것과 같았다. 정말 맨땅에 헤딩하는 것과 다를 게 없었다.

전화를 받지 않을 경우에는 메일을 남겼다. 실제로 하루에 5~10번 정도의 이메일과 유선으로 연락을 취했다면 회신이 오는 건수는 2~3건에 불과했다. 이것도 높은 편에 속한다.

〈온라인으로 소싱하는 방법〉

[출처 : 저자 제공]

그래도 감사한 것은 한 번 거래한 거래처들의 경우, 끝까지 믿고 거래해주는 경우도 있고, 우리 회사에만 제품을 공급해주는 진성 거래처도 생겨났다. 이런 관계를 유지할 수 있었던 비결은 양사의 진정성과 어려운 시기에도 함께했던 것이 큰 것 같다. 신뢰가 쌓인 것이 아닐까!

그렇다고 항상 좋은 케이스만 있는 것은 아니다. 상승 곡선을 올리고 있거나 혹은 올리지 못한 경우, 갑자기 공급이 어렵다고 판매 중지를 요청한 제조사도 있었다. 그럴 때마다 정말 기운 빠진다. 판매율이 좋은 상황에서 갑자기 판매 중지를 요청하거나, 다른 이유를 들어 판매 중지를 요청한 때도 있다. 처음부터 제조사에서 솔직하게 거래에 응하지 않은 것이다. 여러 경험을 바탕으로 나는 첫 거래 시, 반드시 묻는 것이 있다. 해당 상품이 현재 폐쇄몰에 다른 업체에 의해 판매되고 있는지, 그리고 판매 이력이 있었는가 하는 것이다. 한쪽이 양보하지 않으면 양쪽이 모두 파국으로 치닫는 '치킨 게임'은 하기 싫은 것이다. 거래는 언제나 투명하고 공평했으면 좋겠다.

상품 소싱은 소비자에게 물건을 파는 것과 같다고 생각한다. 거래처에 우리 회사의 가치를 전달함으로써 제조사 또는 유통업체의 물건을 받아 소비자에게 판매하는 것이 아닌가. 생명과도 같은 제품을 판매할 수 있도록 허락해주는 것은 그만큼 신뢰한다는 것이기 때문에 나는 진심으로 상품 하나하나에 정성을 다했다. 단 하나의 상품도 실패하지 않기 위해서 말이다.

자, 그럼 앞서 질문을 기억하는가? 만약 당신이 월 1억 원의 매출을 올리는 MD라고 가정해보자. 10개의 상품으로 1억 원의 매출을 올리겠는가? 아니면 20개의 상품으로 1억 원의 매출을 올리겠는가? 당신이라면 어떤 선택을 하겠는가? 여기에는 숨겨진 비밀이 있다. 비록 상품의 개수가 늘어날수록 관리해야 하는 상품과 제조사도 늘어나지만, 그만큼 미래에 당신의 고객은 더 늘어날 수 있는 희망이 있다. 나도 처음부터 이것을 계획하고 한 행동은 아니었지만, 시간이 지나고 보니 결과가 나를 그렇게 운 좋은 MD로 만들어 주었다.

나는 어느 정도 제품 수량이 확보되었다고 느꼈을 때도 소싱을 멈추지 않았다. 많은 상품을 소싱하고 또 기존 거래처에 끊임없이 신규 상품에 대해 문의하며 관리하는 것이 MD의 핵심 업무라고 여겼기 때문이다. 그 결과 노력은 복리처럼 불어났다. 감사하게도 거래처를 통해 상품 또는 다른 거래처를 직접 소개받을 수 있었다.

상품의 판매율이 높고 낮음을 떠나 신뢰가 형성된 거래처들이 우리를 더욱 밀어주는 일들이 발생하는 것을 몸소 느꼈다. 사람이 하는 일이기 때문이다.

TIP | 워킹맘의 소싱 꿀팁!

- 판매하는 시장의 주력 상품들을 확인하라.
- 타깃 고객을 확인하라.
- 시즌 상품을 먼저 찾아라.
- 다양한 카테고리의 거래처를 확보하라.
- 처음과 끝을 항상 같게 행동하라.

수시로 변하는 키맨을 찾아라!

위기가 기회다

동의하지 않은 서열 정리를 당해본 적이 있는가? 친구 따라 나간 자리에서 처음 만난 사람인데도 불구하고 자신이 나이가 많다는 이유로 먼저 말을 놓겠다고 하는 사람이 있었다. 말을 놓는 것은 내게 큰 문제가 되지 않았다. 오히려 친근감의 표현으로 여겨졌다. 어렸을 때 유학 생활의 경험 때문이라고 생각했다. 하지만 한국에서는 첫 만남부터 당사자의 허락도 없이 말을 놓는 것은 상대방을 쉽게 보는 것이라는 사실을 알기까지는 얼마 걸리지 않았다. 그렇게 동의하지 않은 서열 관계는 다음 만남 또한 불편한 장면을 연출하게 했다. 식사 자리에서 꼰대처럼 테이블 위에 숟가락과 젓가락을 먼저 놓게 한다든지 말이다.

한번은 깊이 생각해보았다. 그 서열이 비단 나이로만 구분되는 것일까? 분명 개개인이 속한 사회나 커뮤니티 안에서의 룰이 존재할 것이다. 그 안에서도 어떤 사람들은 있는 자와 없는 자, 그리고 또 어디는 더 많은 재능 또는 능력을 갖춘 자와 그렇지 못한 자, 그렇게 나뉘어 구분될 수도 있다. 우리는 냉정한 자본주의 사회에서 살고 있으므로 그렇지 않으면 살아남을 수가 없다.

한번은 상품 선정을 하기 위해 제품을 찾고 있을 때였다. 정말 아주 좋은 A상품이었다. 거래처 MD들은 상타 상품이라고 말하며 추천했다. 그러면서 너도나도 상품을 선정하기 시작했다. 나 역시 재고 100개는 아니더라도 소량이라도 받기 위해 공급사를 수소문하기 시작했고, 드디어 해당 제품을 판매할 수 있게 되었다. '내일이면 기본 매출 십만 원대에서 백만 원대는 보장되겠지'라고 생각했다. 정말 단꿈에 빠져 잠자리에 들었다. 예상한 대로 반응은 폭발적이었고 실제 구매 전환도 빠르게 일어났다. 오전 발주서를 보내는 동안 나의 입꼬리가 내려가지를 않았다.

문제는 다음에 일어났다. 주문 폭주 때문에 배송 문제가 터진 것이다. 처음 안내받았었던 배송 일정이 평일 기준 1~3일이었다면 며칠 더 지연된다는 CS메일이 왔다. 고객은 하루 이틀만 늦어도 기다려주지 않는다. 전화, 카카오톡 고객센터, 댓글 등 다양한 방법으로 배송 상태를 확인하며 클레임을 넣고 주문 취소를 원한다. 나는 결국 거래처 MD에게 일부라도 선 출고가 가능한지 문의했다. 돌아온 답은 '순차 출고'라는 말뿐이었다. 그리고 제안서 배송 일정 하단에 '주문 폭주 시 3~7일(평일 기준) 추가 소요'라는 문구가 추가 기재되어 있었다. 이 명분으로 거래처는 우리 회사가 필요한 경우 직접 고객에게 CS(Customer Service, 고객 만족을 위한 서비스 또는 대응)를 하라는 것이었다. 즉, 해피콜은 우리의 몫이었다. 고객에게 필요한 상품을 가성비 있게 제공하고도 배송 지연이라는 하나의 예상치 못한 변수로 인해 추가 비용과 함께 손실이 발생하게 생겼다니…. 심지어 출고 예정 또한 7일 이후였다.

만약, 이때 내가 이 문제로 도움을 받을 수 있는 거래처 키맨(Key Man, 조직에서 문제 해결 과정이나 의사 결정 과정에서 핵심적인 역할을 할 수 있는 힘을 가진 사람)을 알았다면 어떻게 되었을까? 친한 다른 거래처 MD에게 해당 제품에 대한 배송 상황을 문의해보았다. 그 거래처 역시 순차 출고로 진행되고 있었다. 다만 워낙 거래처의 매출 규모가 크다 보니 공급사에서 전체 해피콜을 1차로 진행해주었다고 한다. 이 유인즉슨, 거래처 임원급이 공급사에 직접 클레임을 걸었고 영업 정지에 해당하는 초강수를 두었다고 한다. 내가 들어도 오싹한 이야기였다. 이때 깨달았다. 나 역시 힘 있는 키맨으로 성장해서 아쉬운 소리는 만들지도 말고 듣지도 말자고 말이다.

실제로 MD는 이직률이 높은 직업군 중 하나라는 것을 근무하면서 몸소 느낀다. 매일같이 들어오는 제안서들의 MD 이름을 보면 하루는 다른 업체의 MD였는데, 어느 날은 내가 알고 있는 협력사의 MD로 근무 중이다. 그리고 때로는 경쟁사의 MD로 근무하고 있었는데 제조사의 MD로 근무하고 있는 경우가 있다. 그래서 나는 외부 고객을 정말 철저하게 관리하기 시작했다. 내가 제안받았던 MD가 언제 나의 영업 메인 거래처가 될지 모르니 말이다.

거래처 MD들과의 신뢰 형성을 위해 1차로 한 것이 먼저 손품을 파는 것이었다. 매일같이 루틴화하며 인사했다. 보는 이의 마음을 편하게 해주는 문구와 함께 적절하게 호기심도 주고 자극할 만한 문구를 사용하며 영업하기도 했다. “그게 저예요. 이현주 MD!” 이렇게 각인시키는 것이 목적이었다. 그래서 거래처 MD들이 상품을 문의하고 싶을 때 나를 찾게 하는 것이 내 1차 목표였다. 비록 내 상품이 아니어도 말이다. 외부 평가가 높을수록 내부 평가도 좋을 것으로 생각했다. 그리고 외부 평가가 좋아야 나의 실적도 당연히 올라갈 것으로 생각했다.

예상대로 노력했던 일부 메인 거래처들이 움직이기 시작했다. 그들은 우리 회사의 상품에 대한 문의를 내 개인 카톡으로 해왔다. 너무나도 감사했다. 그렇게 열심히 손품도 팔고 나름 발품이라면 발품도 팔았다고 생각한다. 기회만 생기면 찾아뵈려고 노력했다. 그리고 제일 중요한 것은, 어떠한 이유를 만들어서라도 통화로 먼저 상호 신뢰관계인 '라포(Rapport)'를 형성했다. 사람이 사람과 함께 하길 원한다면 제일 먼저 목소리를 듣고 진심을 전달하면 통한다고 생각한다. MD에게 진심을 전달할 일이 무엇이 있겠는가? 상품의 영업? 아니다. 상품에 대한 CS 건이나 어떠한 제품의 특이한 컨디션으로 인한 자세한 설명이 필요해서다. 글로 설명할 경우, 다른 방향으로 이해하거나 오해의 소지가 있을 수 있어 이미지를 만들어 공유한 후 유선으로 자세히 설명하면 타사와의 차별점을 느낄 수 있을 것이다.

그렇게 노력하는 시간 속에서 정말 너무나도 야속한 일이 벌어졌다. 우리의 생활을 모두 바꿔버린 코로나19 팬데믹이 발생한 것이다. 거래처들이 하나씩 사라져가고 키맨이라고 여겼던 MD, 대표님들이 사라져갔다.

나는 위기가 기회라고 생각했다. 그리고 방법을 찾았다고 생각했을 때, 정확하게 들어맞았다. 다른 MD들이 소용없을 거라던 그 방법을 나는 고수했고, 내 루틴대로 행동했다. 그 방법이 키맨을 찾는 데 큰 도움을 주었다.

나는 할 수 있다. 매일 조금씩 모든 면에서 나아지고 있다.

이 확신의 언어가 나를 지켜주고 있었다. 소통은 상대방 없이 혼자 할 수 없다. 내가 매일같이 거래처에 인사하고, 상품을 제안하고,

거래처의 피드백이 없어도 같은 행동을 반복했을 때 동료들은 얼마나 부질없는 짓을 하고 있다고 생각했을까. 나 또한 외롭기도 하고 힘들었지만 긴 인내의 시간이기도 했다. 하지만 거래처가 사라지지 않는 한, 그 단톡방을 나가지 않는 한, 제품이 필요할 거라고 생각했다. '일방통행은 외로운 법이지.' 매일같이 카카오톡 단톡방에 인사하면서, 답변이 오든 안 오든 안부를 물었던 사람은 나였다.

'업체가 우리 상품이 필요하다면 늘 말을 건네온 사람에게 물어볼 것이다.' 그렇게 생각했다. 그리고 그렇게 업체는 상품에 대해 문의할 때 나를 언급하거나 혹은 개인 카톡으로 문의했다. 물론, 내가 아니었을 수도 있으나 거래처에서 온 '엠디님'이라는 문구만 보면 총알처럼 답변해버렸다. 나에게는 높은 매출을 가져다줄 다수의 대박 상품이나, 월 평균을 깔아줄 데일리 상품이 없었다. 고만고만한 매출들이 잔잔하게, 소소하게 많이 있었다. 마치 아마존 플랫폼처럼 말이다. 들어가면 만물상처럼 모든 것이 다 있는 곳에서 개미처럼 일해야 매월 매출을 겨우 전월과 비슷하게 유지할 수 있었고, 그래야 월급값을 했다고 스스로 어깨를 펼 수 있었다.

'선택과 집중'이라는 말이 있다. 2022년 1분기까지만 해도 우리 회사 MD의 경우 소싱, 기획, 영업, 플랫폼 MD(상품 선정 MD)를 기본으로 맡고 있었다. 그리고 제품 PB(Private Brand의 약자. 유통업체에서 직접 만든 자체 브랜드 상품) 기획도 같이 진행하고 있었다. 나는 PB 기획에 집중한다는 이유로 영업을 쉴 수 없었다. 단 하루라도 말이다. 그런 스스로에게 '쫄보'인지 묻고 싶을 정도였다. 승부수 하나 던져서 대박 제품을 만들고, 그 제품이 제대로 매출을 일으키면 될 텐데 말이다.

그런데 나는 일찍이 느꼈다. 내가 만들고 싶은 상품을 현실에서 실현하는 것은 어렵다는 것을. 즉, 회사가 추구하는 방향성과 다를 수 있다는 말이다. 그리고 내 개인적인 느낌이었지만, 3명의 MD 모두가 PB에 집중한다면 매출은 어떻게 될까 싶었다. 나도 멋들어지게 만들고 싶은 상품이 있었지만, 예산 과정에서 난관에 부딪쳤고, 자꾸 나의 기획제품들은 중단되었다. 키맨을 찾아야만 했던 간절한 이유를 설명하는 것이 길게 돌아왔다. 내가 그렇게 간절하게 키맨을 찾을 수밖에 없었던 것은 다름 아닌 매출 달성을 위해서였다.

TIP | 워킹맘의 키맨 찾는 꿀팁!

- 질문을 던질 때 답변하는 사람을 주목하라.
- 직접 가서 만나보고 결정권자를 확인하라.
- 다양한 연락처를 확보하라(휴대전화, 업무 휴대전화, 회사전화, 이메일 등).
- 서브 키맨을 찾아라.
- 파트, 부서별 키맨을 확보하라(업무 효율성 확보에 좋다).

불만을 말하는 고객에게 집중하라

질문이 불러오는 힘

코로나19로 인해 온라인으로 구매하는 소비자들이 늘어나서 오프라인 시장보다는 타격을 덜 입은 듯 보였다. 하지만 필요한 부분에서 구매하는 것은 장소만 변경되었을 뿐이지 지갑을 열지 않는 것은 매한가지였다. 자유롭게 돌아다니던 이전과는 달리 식당과 카페는 밤 9시가 되면 문을 닫는 것이 일상이 되었고, 사람들은 빼앗긴 자유에 대해 분풀이하듯 지극히 사소하고 조그만 일에도 민감하게 반응하는 듯 보였다.

자신이 아는 것이 가장 확실하다고 믿으면 앞뒤 보지 않고 직진하는 부류의 사람이 있다. 한번은 남성 고객이 확신에 차서 제품에 대해 다소 강한 어투로 문제제기를 해왔고, 해당 내용은 거래처를 통해 인입되었다. 거래처 CS팀장님의 생각으로는 해당 건이 긴급성으로 분류되니 담당 MD와의 소통을 원한다고 했다. 퇴근해야 하는 오후 5시를 10분 남긴 타이밍도 기가 막히게 맞아떨어지는 순간이었다.

"내가 이거 너무 좋아하는데, 이번에는 뭔가 가벼워서 보니까 용량이 달라. 이거 용량을 속이는 거 아니야?"

고객이 제품 용량을 속였다며 강하게 고객 불만을 넣은 것이다. 화장품을 용량을 속여 판매하다니! 이건 판매정지를 당할 수 있는 말도 안 되는 일이었다. 고객은 사실확인을 요청하며 해당 건에 대해 이미 제조사와 직접 통화를 마친 상황이었다. 고객은 제조사에게 새 제품을 직접 출고하겠다는 피드백을 이미 받은 것이다. 상품 담당 MD인 나에게는 모든 일이 벌어지고 난 뒤 전달되었다. 바로 제조사로 연락을 취했다. 제조사는 이미 비상사태인 것 같았다. 이사님은 고객에게 충분히 제조, 공정 과정에 대해 설명해주셨다며 괜찮다고 하셨다. 그리고 용량을 속이는 것은 말도 안 되는 일이라며, 공정 과정을 나에게 설명해주셨다.

우리 역시 고객이 보내온 관련 자료를 받아 보았다. 사진을 받은 순간 CS 담당자와 나는 정말 너무나도 놀랐다. 어떻게 그런 자료를 준비할 수 있을까? 고객이 보내온 것은 나무젓가락으로 용량을 측정한 사진이었다. 한마디로 상품을 두 번 구매해 용량을 측정해보았다는 것이다. 나는 '고객이 경쟁사는 아닐까?'라는 약간의 합리적

의심마저 들었다. 일반적으로 재구매를 할 만큼 제품을 좋아하는 고객이라면 받자마자 사용하는 것이 첫 번째 행동일 것 같은데, 어떻게 나무젓가락으로 용량을 측정한단 말인가. 심지어 비교 대상이 된 두 나무젓가락의 무게 차이 또한 사람이 제품을 받고 바로 느낄 수 있을 만큼의 차이인지 궁금했다.

머릿속에서 여러 가지 의심이 들고 있을 때, 다시 울리는 전화벨 소리에 정말 심장이 내려앉았다. 오후 5시면 CS 전화는 마감이지만, 당연하듯 내가 먼저 몸을 움직여 전화를 받았다.

"먼저 불편 끼쳐드려 죄송합니다. 저희가 제조공장과 본사 모두 확인했는데, 해당 사례는 단 한 번도 일어난 적이 없는 것으로 확인되었습니다."

나는 거래처 CS 담당자에게 설명을 이어나갔다. 거래처의 요청은 고객이 제일 먼저 CS 접수를 하지 않고 제조사에 전화를 걸어 확인을 요청하는 과정에서 제조사가 새 상품을 보내겠다고 했으니 우리에게 그 제품을 보내라는 것이었다. 우리는 그렇게 새 상품을 보내는 것으로 이 사태를 마무리했다.

과연 그 고객은 '충성 고객'에서 변심한 고객인가? 아니면 정말 내 의심대로 경쟁사인가? 한참 후 나는 자신의 느낌을 믿은 고객이었다고 생각하게 되었는데, 그 이유는 너무나도 간단했다. 새 상품 하나를 보내는 것으로 일이 마무리되었기 때문이다. 경쟁사였다면,

민원을 넣었을 수도 있을 것이다.

나는 이 일을 계기로 충성 고객을 위한 특별한 이벤트나 CS 건에 대한 데이터 통계가 필요하다고 다시 한번 느꼈다. 해당 제품은 이미 1년 이상 나에게 최대 매출과 함께 최다 판매를 가져다준 제품이기에 그만큼 고객의 목소리도 다양할 것으로 생각했다. 그리고 안타깝지만 받아들여야 하는 현실로 상품의 수명 또한 곧 끝이 보였다. 그래서 상품과 계속 함께하기 위해 고객의 목소리를 반영한 제품 리뉴얼을 제안하거나 이벤트 기획 등이 필요하다고 생각했다. 그리고 필수적으로 새로운 시장을 찾아 계속 확대해야 한다고 생각했다. 본부장님이 늘 내게 말씀하셨던 '리스크 관리' 부분이었다.

매출이 잘 나오고 있던 어느 날이었다. 본부장님은 내게 "상품 하나가 높은 매출을 가져다주는 것이 언제까지일 것 같아?"라고 물으셨다. 나는 좀 즐기고 싶었는데, 그 말을 들으니 조금 짜증이 밀려왔다. 영업을 전혀 몰랐던 워킹맘이 하나의 제품으로 3억 원 이상의 매출을 올리고 있었고, 내 생애 두 번 다시 오지 않을 것 같은 순간이었던 것이다. 그만큼 어려운 코로나19 시기에 말이다. 그 당시 나의 상황은 아무리 소싱을 하고, 신규 제품 테스트를 해도 월 매출에 많은 도움을 주지 못하는 상황이었다. 게다가 기존 거래처들도 폐업을 하나씩 하는 상황이었기 때문에 무엇보다 긍정 언어

또는 화이팅이 필요했다. 함께 소통하는 거래처 MD들 또한 하나둘 조용히 퇴사한다며 인사하고 사라져 언제 내 차례가 올지 모르는 미래에 대한 두려움도 있는 시기였기 때문이다.

그런 상황에서 앞서 일을 계기로 제조사에 리뉴얼에 대한 상품 의뢰를 요청했고, 다행히 제조사에서도 긍정적으로 답해주었다. 행동은 그 어떤 말보다도 강하다고 생각한다. 만약, 우리가 앞서 고객 클레임 인입 후 그냥 간과하고 지나갔다면 어떻게 되었을까?

언제나 답은 실사용자에게 있다. 그들은 직접 경험한 다양한 사례를 리뷰를 통해 공유하는데, 이런 소비자들과 진심으로 소통한다면 그들은 충성 고객이 되어 재구매가 이루어질 것이다. 정직한 세일즈를 한다면 오래갈 수 있다는 것을 다시 한번 배울 수 있었다.

TIP | 워킹맘의 CS 꿀팁!

- 아묻따! 아무것도 묻지도, 따지지도 않고 고객 목소리를 먼저 듣는다.
- '나'를 제외한 모두가 고객이다.
- 고객의 니즈 파악을 제대로 하고 해소하자.
- 내가 해결할 수 없는 일은 과감하게 넘기자(윗선이 해결하는 게 낫다).
- 고객과의 CS 약속은 꼭 지키자(피드백 시간 등).

섬네일의 비밀 720X720

빛을 사용하는 사람의 힘

맛있는 식당이나 분위기 좋은 카페를 갔을 때, 두 가지 부류가 존재한다. 사진 촬영을 하거나 바로 음식을 먹거나 하는 두 부류 중 여러분은 어느 쪽에 해당하는지? 나는 육아를 하기 전과 후로 나뉜다. 워킹맘들은 내가 하는 말이 무슨 말인지 알 것이다. 아이를 낳기 전에는 사진 찍는 여유로움을 마음껏 즐길 수 있었다. 하지만 아이와 함께한 후로는 휴대전화의 주인은 이미 아이로 바뀌어 있었다. 사진첩의 사진 속 주인공부터 실제 사용자까지 말이다.

음식 사진을 찍거나, 카페 풍경, 그리고 자신의 사진을 찍을 때 휴대전화의 어떤 카메라를 사용하는가? 일반적으로 내 주변 여성들을 기준으로 보면, 기능이 들어 있는 앱을 이용해 촬영하거나 기본 카메라로 촬영한 뒤, 수정작업을 거쳐 개인 SNS 또는 사진첩에 소장하고 있다. 채도, 색온도, 대비, 노출, 빛의 이용만 잘 안다면 충분히 자기 자신, 그리고 물체에 대해 잘 표현할 수 있다는 것을 우리는 일반 휴대전화로도 일상에서 경험하고 있다.

어딘가를 더 밝게 보이게 하려면 상대적으로 어둠을 잘 사용해야 한다. "빛이 찬란하게 빛나기 위해서는 어둠이 있어야 한다"라고 철학자 프랜시스 베이컨(Francis Bacon)은 말했다. 사람들은 어두운 곳보다도 밝은 곳에 끌린다는 것을 실제 채널 MD를 하면서 경험할 수 있었다. 바로 섬네일(미리 보기용으로 작게 넣은 사진 또는 그림)을 기획하면서 말이다.

채널 MD 1년 차 때 일이다. 명절 시즌이 되면 어김없이 등장하는 곶감! 정말 이번에는 곶감으로 매출을 낼 거라는 자신이 있었다. 한 번도 경험하지 못한 명절 시즌인데도 말이다. 나는 왜 마트에서 과일 매대가 항상 앞쪽에 자리 잡고 있는지 알고 있었다. 여러 가지 이유 중 하나는 바로 색상 때문이다. 과일의 알록달록한 색상이 소비자의 기분을 밝게 해 쇼핑할 기분을 나게 하기 때문이다. 거기에 흥겨운 음악까지 더해지니 지갑을 저절로 열 수밖에 없다. 우리가 마트에 있다고 가정해보자. 앞에는 알록달록한 제철 과일들이 있고, 옆에는 지글지글 시식 코너들이 있다. 들어가기만 했을 뿐인데도 시각과 후각이 이미 만족스럽다. 여기에 더해지는 기분 좋은 음악은 귀를 만족시킨다. 내가 대접받고 있다고 느끼게 한다. 나의 오감을 만족하는 공간, 소비자의 지갑은 저절로 열릴 것이다.

명절선물세트 상품으로 곶감선물세트를 제안받았을 때, 공급사의 섬네일은 모델 남성분이 곶감선물세트를 들고 있는 것이었다. 나는 처음에 대중에게 인지도가 있는 분도 아닌데 굳이 1번 컷으로 대문짝만하게 그 사진을 배치했다는 것이 의아했다. 더욱 궁금함이 커져 해당 곶감과 브랜드가 인지도가 높은지 네이버에 바로 검색했다. 대부분 곶감과 곶감선물세트를 판매하는 판매처의 섬네일 이미지는 제품 컷으로 설정되어 있었다. 혹시 내가 모르는 유명인일 수 있다고 생각했으나 그 주인공은 바로 생산자였다. 그때까지만 해도 해당 제품에 대한 자부심이 커서 그런 거라고 여겼다. 나는 다른 채널들에 해당 상품의 섬네일이 어떻게 노출되고 있는지 시장조사에 들어갔다. 섬네일 사용은 각 MD마다 달랐고 또 섬네일 사용에 따른 고객들의 반응은 제각각이었다. 어떤 채널은 순서를 변경했고, 직접 다른 문구를 삽입하기도 했다.

다른 채널들에서 진행한 것을 토대로 보았을 때, 업체가 인물을 강조한 이유가 분명 있을 것으로 생각하고 섬네일 1번으로 사용하면서 바로 2번 컷으로 가장 잘 나온, 보기도 좋고 먹기도 좋아 보이는 곶감 이미지를 배치했다. 내 생각과 모든 것이 항상 맞아떨어지지는 않지만, 이번에는 적중했다. 소비자들이 생산자를 확인함으로써 상품에 대해 신뢰할 수 있다고 생각했는데, 이 부분이 다행히도 연령대가 많은 우리 고객들에게 어필이 되었던 것 같았다. 추가로 시간을 이용했다. 바로 상품의 노출 시간인데, 딱 배고픈 시간대에 노출되도록 세팅했다.

강력한 시그니처 하나면 충분

명절이면 항상 우리 부부는 딸아이와 함께 여러 장난감 가게를 찾는다. 그 이유는 장난감 가게 또한 명절이 대목 중 하나기 때문에 조금 더 저렴한 가격에 구매할 수 있어서다. 딸의 장난감을 선물로 사주는 그날은 내가 소싱을 할 수 있는 날이기도 했다. 오프라인에서 말이다. 그렇게 나에게 대박 상품을 만날 수 있는 기회가 찾아왔다.

장난감 가게 사장님에게 어떤 제품이 신상이고, 또 가장 판매가 잘되는지 문의한 후 딸에게 가지고 싶은 장난감을 고르게 했다. 다행히도 사장님이 추천해준 상품 안에서 딸아이가 골랐고 그 제품은 운 좋게도 나에게 대박의 기회를 안겨준 제품이 되었다.

부모들은 우리 아이가 사용하는 제품을 고를 때 안전을 최우선으로 생각한다. 다행히 제품의 패키지를 보았을 때 안전성에는 큰 문제가 없어 보였다. 명절 연휴가 끝나고 소싱을 진행했고, 다행히도 진행 가능하기에 바로 기획에 착수했다.

카카오스토리 채널의 상품을 피드 노출할 때 확장자를 JPG, GIF, MP4 등 다양하게 사용할 수 있다. 그중에서 이미지 파일을

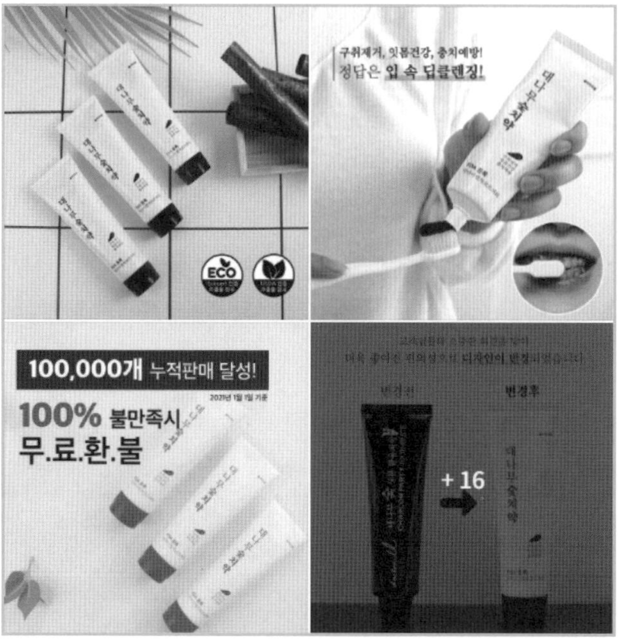

〈카카오스토리 채널 상품 섬네일 이미지〉
[출처 : 바라커뮤니케이션]

사용할 때 다양한 사이즈를 사용할 수 있다. 4장을 피드에 노출할 때, 나는 대부분 같은 크기의 이미지를 사용했었다. 그 이유는 제품에 따라 다른 사이즈를 사용해도 되겠지만, 제품을 테스트 후 통과한다면 다양한 플랫폼에 제안할 때 네 장의 사진 중 가장 반응이 좋은 사진을 섬네일로 사용하면 되기 때문이다. 그리고 제안하는 플랫폼 특성에 맞추어 제안할 수 있다. 예를 들어, 카카오스토리 채널의 경우 상품에 대한 다양한 문구나 상품이 돋보이는 이미지를 섬네일로 사용 시 상품에 대한 반응과 전환율(소비자가 결제 또는 구매하는 비율)이 확실히 높은 편이다. 이와 반대로 감성과 톤을 중요시하는 인스타그램의 경우 문구 없는 이미지를 더 선호하는 편이다. 그리고 제품에 대한 MP4 파일을 같이 전달한다면 딜 성공 확률이 더 높다.

다음의 사진들은 실제로 판매하고 있는 제품의 사진들로 섬네일로 사용되었던 이미지들이다. 때로는 섬네일로 사용되거나 혹은 상세이미지 일부로 사용되고 있다.

〈상품 섬네일 이미지〉

[출처 : 저자 제공]

어떤 이미지에는 문구가 삽입되어 있고, 어떤 이미지에는 문구가 없다. 또 어떤 이미지에는 특별한 설명 없이 상품명만 있는 예도 있다. 그 이유는 이미지가 피드 노출에 사용될 수도 있고, 때로는 해당 이미지가 결제창의 이미지로도 사용될 수 있기 때문이다. 노출 이미지와 결제창의 이미지가 서로 다르게 사용될 수도 있다는 새로운 사실이다. 특히 인스타그램의 경우, 실제 문구 없는 이미지로 피드에 노출해 호기심을 더 자극한다. 깔끔하고 심플하며, 모던하게 정돈된 이미지로 말이다. 그리고 자세한 설명은 글로 정리되어 있고, 조금 더 궁금하다면 링크를 눌러서 확인하게 한다. 그 링크 안에는 더 자세한 설명을 덧붙인 상세페이지가 담겨 있다. 그것이 바로 내가 말하는 결제창이다. 이외에도 제품에 대해 더욱 자세하게 표현하는 다양한 방법이 있는데 섬네일, 상세이미지 기획에 관한 내용은 4장에서 더욱 자세하게 풀어보겠다.

TIP | 워킹맘의 섬네일 꿀팁!

- 친근한 애칭 문구를 섬네일에 추가하라.
- 단 하나의 강력한 한 방이 섬네일이다.
- 문구 없이 상품만 노출해서 어필하는 것이 기술이다.
- 빛과 어둠을 이용해서 촬영한다.
- 휴대전화 어플을 충분히 활용한다.

지갑을 여는 언어의 비밀

나만의 판매 워딩을 가져라

'월 매출 2억 원, 여기만 읽으면 달성!'

2억 원 달성? 이 꼭지만 읽으면 2억 원을 달성한다는 것인가? 아니면 1장을 다 읽으면 월 매출 2억 원을 달성하는 비결을 알 수 있다는 것인가? 이것도 아니라면 이 책을 끝까지 읽는다면 월 매출 2억 원을 달성하는 방법을 알 수 있다는 것인가? 이 문구가 의미하는 것이 정확히 어떤 의미인지 바로 알아채기 어렵다. 하지만 월 매출에 대해 궁금한 타깃에게는 시선을 멈추게 하는 문장이다. 해당 문장을 조금 더 직관적으로 고쳐보겠다.

'월 매출 2억 원 달성 비결이 궁금하다면, 이 책을 읽어보세요!'

우리 뇌는 결정부터 내리고 후에 생각한다. 지극히 이성적이지도, 합리적이지도 않은 솔직한 그대로 말이다. 첫 느낌! 뇌는 늘 해오던 방식대로 첫 느낌 그대로를 짐작하고 판단하며 그대로 받아들이고 실행한다.

'향이 다 한 로션'

이런 한마디를 고객이 확인했을 때, 향이 좋다고? 얼마나 좋다는 거야? 누구에게 좋은 걸까? 데이트할 때 사용하면 괜찮은 걸까? 사용 연령대는 어떻게 될까? 남성용, 여성용은 다 있을까? 만약 이렇게 다양한 질문들을 고객이 생각하게 한다면 당신은 성공한 문구라고 생각하는가? 나는 처음에 호기심을 자극해서 성공했다고 생각했다. 하지만 이미지가 있을 경우는 가능했지만, 만약 이미지가 없을 때 너무 건조하고 평범해 보이기만 한 문구로 보였다. 더욱 강력한 한 방이 필요하다고 생각했다.

'강하게 끌리는 유혹적인 향', '뜨 / 밤 / 예 / 약'

실제로 나는 해당 문구와 한 이미지를 통해 실제로 1년 안에 수억 원의 매출을 올렸다. 나는 20대부터의 사회 경험을 통해 언어가 가진 설득의 힘을 확신하고 있었지만 이렇게까지 강력할 것이라고는 상상할 수 없었다. 특히 인간의 본능과 관련해서는 말이다. 그래서 나는 이 사례를 계기로 제품별 카테고리마다 나만의 판매 워딩을 가지고 가자고 다짐했다.

앞서 문구는 한 남성용 올인원 로션을 판매할 때 사용했던 문구다. 해당 로션의 메인 콘셉트는 밀리터리 콘셉트였다. 남성들이 이전에 군대에서 사용하던 수통 모양을 금형으로 만들어 올인원 로션을 담았다. 추가로 해당 로션에 고급스러운 향과 기능성 화장품 성분을 더해 높은 품질을 자랑했다. 제조사의 콘셉트는 남성들에게 좋은 것을 다 넣었다고 자부했지만 실제로 시장에 진출 후 반응과 결과는 기대만큼 올라오지 못한 상황이었다.

'향이 미쳤네!'

이 로션을 만난 나의 첫 느낌이었다. 여성이 더 좋아하는 향이었다. 남자들은 수통 모양에 끌릴지 모르겠으나 나는 오로지 향에 꽂혀 있었다. 실제로 남편의 로션을 구매하는 소비자는 부인이 과반수 이상일 것이다. 평상시 향에 관심이 많았던 나로서는 '여자가 좋아하는 향을 남성이 바르고 다닌다면'이라는 대전제로 기획을 시작했다. 그래서 이런 문구가 나온 것이다.

앞서 언급했던 상품에 대한 강조점을 기억하는가? 상품이 아무리 좋더라도 기획이나 상품에 대한 기타 서비스 등 부가적인 것들이 뒷받침해주지 않는다면 그 상품 본연의 가치가 소비자에게 제대로 전달되기 어려울 것이다. 그래서 나는 제품의 가치를 소비자에게 조금 더 쉽고 빠르게 전달하는 방법 중 하나가 SNS 마케팅이라고 생각했다. 그리고 그 기본이 바로 기획력에 있다고 생각했다.

언어, 즉 문구는 소비자의 생각과 선입견에 따라 쉽게 좌지우지될 수 있다고 생각했다. 예를 들어 내가 30대에서 50대가 모여 있는 플랫폼에서 김치를 판매한다고 해보자. '대한민국 성인이라면 좋아할 김치'라는 문구를 사용했다고 가정했을 때, 동의하는 소비자도 있을 것이고 그렇지 않은 소비자도 있을 것이다. 성인이라고 해서 모두가 김치를 좋아할 리도 없다. 그런데 해당 문구에 숫자를 넣어보겠다. '대한민국 성인이 자주 찾는 1등 반찬, 김치!' 이 문구는 어떻게 생각하는가? 동의하지 않겠는가? 대한민국 30대에서 50대 연령층의 성인이라면 김치가 빠진 식사를 몇 번은 참더라도 매번은 참기 힘들 것이다. 그렇게 자주 찾는 1등 반찬이라고 고개를 끄덕이며 동의하는 자신을 발견할 수 있다.

수는 직감, 이해관계, 편견 등을 과감하게 무너뜨릴 수 있다고 생각했다. 한마디로 팩트를 전달하고 조금 더 강조할 수 있는 부분에서 큰 역할을 해준다. 마치 객관화시켜 조금 더 차별화되게 보이게 하는 것이다.

단어보다는 숫자

‘단돈 3,000원대!’

‘딱 30분만 드려요!’

숫자는 모든 것을 명확하게 표현해주는 마법과도 같다. 특히 숫자로 표현할 때는 한글보다도 아라비아 숫자로 표현하는 것을 더욱 추천한다. 숫자는 어디에서든 불확실성을 줄여주기 때문에 숫자를 포함한 이미지는 소비자의 뇌와 눈을 사로잡는다.

갱년기 어머니들의 특징이 있다. 수시로 오르락내리락하는 열기, 잠이 오지 않는 불면증, 그것을 삭히는 방법은 여러 가지가 있다. 내 주변 갱년기 여성들에게 불면증을 어떻게 극복하는지 물어보았을 때 대다수가 홈쇼핑을 즐긴다고 했다. 그래서일까? 살림꾼 주부 중 어떤 분들은 24시간 돌아가는 홈쇼핑에서 어느 채널의 A 상품이 조금 더 저렴하게 판매되는지 꿰뚫고 계시는 분들이 종종 있다. 실제로 내가 채널 MD로 상품을 선정했을 때, 어떤 소비자는 전날 A사 홈쇼핑에서 진행한 제품이 더 저렴하다며 CS를 남기는 고객도 있었다. 어머니들의 마음을 사로잡으려면 무엇보다 그들이 좋아하는 품목 중 완판했거나 판매율이 높았던 제품을 판매하면 되는 것 아니겠는가! 정말 운 좋게도 나에게 홈쇼핑에서 판매를 마치고 들어온 제품이 있었다. 그래서 나오게 된 문구가 다음의 문구다.

'홈쇼핑 완판 신화 OOO'

홈쇼핑에서 대량으로 구매하기 힘드셨던 분들을 위해 딱 한정 수량만 가져왔다는 콘셉트로 접근했다. 여기서는 소량 구매의 가능성과 함께 한정 수량만 준비했다는 구매 제한성에 대해 사전 언급함으로써 고객의 마음을 잡았다고 생각한다. 그래서 첫 번째 진행으로 좋은 반응을 얻은 덕분에 여러 플랫폼에 손쉽게 입점할 수 있었다.

무엇보다도 가장 강력한 한 방의 문구를 사용하기를 원한다면, 자기만의 워딩을 항상 준비해야 한다. 나는 거래처에 영업할 때 나만의 문구를 사용해 상대방이 '저 사람 또 시작했다'라는 느낌을 주는 문구와 그렇지 않은 느낌의 문구를 구분해 영업했다. 그러면 정말 중요한 제품을 영업할 때 실제 영업하지 않는 것처럼 보여 진정성을 더한 느낌을 줄 수 있었다. 내가 봐도 때로 영업자는 그냥 영업자 같다. 그들의 말은 하나같이 무엇인가를 팔려고, 그리고 나로부터 무엇을 얻으려고 접근하는 것 같다는 느낌을 주는 것이다. 그래서 상대가 대화의 첫마디부터 벽을 쌓고 시작하는 것이 보일 때가 있다. 그럴 때는 나 역시 다 내려놓고 대화만 하고 아무것도 하지 않고 가만히 들어주거나 기다려준다. 그가 나를 필요로 하거나 찾을 때까지 말이다. 아리스토텔레스(Aristoteles)가 말하지 않았던가! "마음에 호소하는 것은 머리에 호소하는 것보다 강하다. 머리에 호소하면 사람들이 고개를 끄덕이게 할 수 있지만, 마음에 호소하면 사람들을 지금 당장 움직이게 만든다."

TIP | 워킹맘의 섬네일 꿀팁!

- 뇌에 끌리는 문구를 사용하라.
- 제품마다 나만의 문구를 만들어라.
- 숫자는 뇌와 눈을 사로잡는다.
- 어디서든 홈쇼핑 신화는 먹히는 법이다.
- 근거 자료가 있다면 데이터 자료를 노출하라(예 : 1년 기준 100,000개 판매 돌파).
- 지금 / 주목 / ~방법 / 할인 / 깜짝 / 초특가 / 우주 초특가 / 한정 수량 등의 단어를 잘 활용한다.

BeSt
Selle

2장

요즘 소비자들은 눈으로 읽고 구매한다

BeSt SelleR

고객의 지갑을 여는 문구는 따로 있다

핵심 동사의 힘

그럼 제안했던 상품이 무조건 소비자에게 잘 판매되는 것일까? 그렇지 않다. 언어를 통해 전달된 메시지가 소비자의 마음과 그 속을 뚫고 들어가야 지갑을 열 수 있다.

그 핵심 키(Key)는 무엇일까? 도대체 여러 가지 방법 중 기획 단계에서 어떤 것을 더욱 신경 써야 할까? 나는 정말 많은 고민에 빠졌다. 내가 맡은 영역에서 기획, 제안서 작성을 하는 부분이 특히 그랬다. 초기 기획은 MD의 몫이니 설계를 정말 잘해야 했다. 문구 설정이 핵심이었다. 그리고 이미지, 톤의 구성과 위치 설정 등. 나는 이 중에서 문구에 더 힘을 실었다. 나머지 것들은 디자이너의 전문 영역이라고 생각했기 때문이다.

가끔 내가 하는 말이 알아듣기 어렵다는 말을 들은 적이 있다. 그 이유는 내가 주어를 먼저 말하고 동사의 순으로 말을 하기 때문이었다. 늘 그런 것은 아니지만, 필리핀에서 고등학교와 대학교를 졸업한 짧다면 짧은 그 유학 시절의 영향 때문인지, 아니면 나의 성향 때문인지 말의 순서가 영어 패턴에 익숙해 있었다. 그리고 실제로 나는 솔직하게 내 일과를 기록하거나 표현할 때 영어로 일기를 쓰기 때문에 그게 더 편했다. 스스로 이것이 소통과 소통의 결과 도출을 위한 시간 절약 방법의 하나라고 생각하며 핑계를 만들고 있었던 것 같았다. 고치지 않으려고 말이다. 일상적인 대화에서 오해의 소지가 될 수도 있었지만, 때로는 이것이 긍정적으로 쓰일 때도 있었다. 나는 깨달았다. 바로 동사가 가진 힘을 말이다. 지금도 직전 문장을 보면, '나는 바로 동사가 가진 힘을 깨달았다'라고 하는 것이 자연스럽지 않은가?

동사, 즉 서술어는 엄청난 힘을 가지고 있다. 소비자들은 참으로 성격이 급하다. 1~3초 안에 그들의 마음을 사로잡으려면 문장이 아닌 문구로 사로잡아야 하는데, 그렇다면 그 핵심 문구로는 어떤 것이 가장 적합할까? 나는 바로 동사가 그 역할을 할 수 있다고 생각했다. 예를 들어보자. 내가 영어학원 강사였을 시절의 일이다. 학생들에게 파트너를 정하고 서로 대화하며 배운 것을 실습해보는 시간을 가지게 했다. 역시 우리 아이들에게 대화란 그야말로 프리토킹의 달콤한 시간이다. 영어 독해 시간에는 그렇게 조용하던 학생들이 프리토킹 시간만 되면 영어로도 그렇게 말을 잘한다. 어느덧 정해진 시간이 끝났고 나는 이제 집중하자고 이야기했지만, 아이들은 멈출 줄을 모르고 계속 이어 나갔다. 자, 그러면 이 상황에서 내가 "여러분 조용히 하세요"라고 말하는 것이 나을까? 아니면, "조용히 하세요, 여러분"이 더 효과적으로 들릴까? "조용히, 하세요"라는 말이 빠른 움직임을 유도한다. 이렇듯 동사부터 표현한다면 빠른 움직임을 유도할 수 있다는 것을 알 수 있다. 주어로 시작해 동사로 끝나는 구어체의 표본에서 팁을 얻은 것이다. 누군가는 명령어 같아 듣기 싫다, 거북하다, 권위적이다라고 할 수 있지만 그만큼 강력한 한 방이 될 수 있다는 것을 느끼고 나는 더욱 사용했다.

왜 고객님만 안 쓰세요?
아직도 모르셨어요?
망설이면 품절!
엄마, 이거 사주세요!

처음 채널 MD를 시작했을 때는 제품을 선정하는 것보다 어려웠던 것이 내가 판매하는 대상의 소비 심리를 이해하는 것이었다. 특히나 육아 중인 엄마의 마음이 그랬다. 나 역시 육아를 하는 워킹맘이었기 때문에 그 누구보다도 그들의 마음을 잘 이해하고 있다고 생각했지만, 그건 나만의 오만한 생각이었다. 실제로 육아 채널에서의 매출이 더 올라가지 않았다. 그 매출의 비중이 더 높아야 내 매출이 두드러지는데도 말이다. '이건 반드시 살 것이다'라고 생각해서 일정을 잡으면 어김없이 그 상품은 판매율이 높지 않았다. 또 그렇다고 '이것은 안 살 것이다' 해서 반대로 그런 상품을 선정하면 정말로 구매하지 않았다. 정말 이러지도 못하고 저러지도 못하고 애만 타는 시간이었다. 다시 처음으로 돌아간 것 같았다.

정신일도 하사불성(精神一到何事不成).

내가 판매하려고 하는 고객은 누구인가? '고객 정의'를 다시 내려보았다. 그들은 아이를 돌보고 있는 30대부터 40대 중반의 여성들이었다. 그리고 워킹맘 또는 남성들도 있었다. 주 관심사는 육아, 살림이었다. 그리고 어느 금액대에서 매출이 가장 높았는가? 1~2만 원 구간이 가장 높았다. 그러면, 어느 시간대에 반응과 구매 전환율이 높았는가? 늦은 저녁과 밤 타임이 골든타임이었다. 이렇게 나는 그동안의 경험을 토대로 '고객 정의'를 다시 내려본 것이다. 나의 고객은 육아하는 엄마, 아빠들이며 그들은 주로 아이들이 자는 시간대에 활동한다. 그리고 구매 금액이 2만 원을 넘지 않는 선의 상품을 선호한다. 또한 육아에 도움이 되는 상품과 일상생활에 도움이 되는 상품을 좋아한다. 그리고 때로는 그들 자신에게 위로가 되는, 한마디로 스스로에게 보상할 수 있는 것에 돈을 아끼지 않는 것을 볼 수 있다. 특히, 명절 후 그런 경향이 강하다.

이것이 나의 경험을 토대로 내가 정의할 수 있는 육아 채널에서의 '고객 정의'였다. 짧고 단순하지만 확실한 팩트였다. 그들은 그 외에는 관심이 없었다. 그래서 상품에 대해 기획하고 제안서의 상품명 그리고 옵션명을 기재할 때 이들을 끌어들일 만한 문구들로 기획하기 시작했다.

〈어린이날, 크리스마스 선물 기획상품인 토이마스터 댄싱라마(좌)와 MAX블록(우)〉

[출처 : 저자 제공]

상품을 기획할 때 실제로 딸을 데리고 대형할인점을 찾았다. 상품이 있는 곳에서 실제 물건을 촬영하고 딸아이의 반응과 주변에 모여 있는 아이들의 반응을 살펴보았다. 그리고 이 과정에서 해당 제품을 판매할 수 있다는 것에 대해 너무 감사하고 행복했다. '아무것도 모르던 아이 엄마가 대형마트에 입점해 있는 상품을 판매할 수 있게 되다니!'

기획에서 고객에 대한 정의를 다시 하고, 그들의 언어를 사용하며 문구를 이미지에 삽입하니 반응과 구매 전환율은 확실히 달랐다. 일반 제품이라고 해도 해당 제품이 어디에서 실제로 판매되었고, 또 어느 매장에 가면 볼 수 있는지, 그리고 인증받은 제품인지 등 기본 정보를 주어 우리 아이 또는 나에게 정말 필요한 제품인지를 한눈에 알 수 있게 해준 것이다. 물론 이 방법은 특정 몰에서 판매했기에 가능한 방법이었다.

전문적인 지식이 있다거나 경력이 쌓인 마케터는 아니지만, MD 4년 차의 경험을 통해 200여 개 이상의 제품을 소싱, 기획하고 판매해보았다. 많다면 많고, 적다면 적은 수치다. 하지만 그 경험을 통해 많은 실패를 해보니 배운 것이 더 많았다. 여기서 실패란 상품이 판매되지 못하고 테스트에서 끝난 것을 말한다. 그러면서 마케팅의 힘을 다시 한번 알게 되었다. 그리고 기획의 힘 또한 알았다.

MD로서 마케팅을 하는 목적은 소비자에게 제품의 가치를 쉽고 빠르게 전달하기 위해서다. 그리고 그 제품에 만족한 소비자라면, 충성 고객으로 전환될 수 있다는 확신이 있다.

성공해서 책을 쓰는 것이 아니라, 책을 써야 성공한다.

나는 이 메시지를 보고 인생이 달라졌다. 이 메시지는 바로 '한국책쓰기강사양성협회(이하 한책협)'에서 실제 사례들을 바탕으로 자신 있게 내세우는 마케팅 문구 중 하나다. 문구를 보면 '평범한 사람이 성공하려면 책을 써야 하는 것'에 대해 생각하게 되어, 읽는 이의 시선을 멈추게 한다. 해당 문구를 직접 기획하고, 한책협의 대표로 있으며 작가 및 책 쓰기 코치로 활동하고 있는 김태광 대표를 찾아가 그가 생각하는 고객과의 소통 방법, 그리고 의식 변화의 필요성, 책 쓰기의 중요성 등 다양한 것을 배우게 되었다. 문구 하나로 평범한 워킹맘이 작가가 되었고, 내가 하는 일이 단순 상품 기획 판매가 아닌 '고객의 고민과 문제를 해결해줄 수 있는 상품을 찾고, 기획하는 마케터이자 판매자라는 것'을 다시 한번 깨달을 수 있었다. 이 의식 변화는 하나의 문구를 보고 실행한 행동의 첫 단계였다.

지금 당신은 어떤 고객을 위해 상품을 서비스하고 있는가? 그 고객에게 당신은 움직이는 메시지를 전달하고 있는가? 간단하면서 마음에 와닿는 메시지를 진정성 있게 전달하고 있는가? 스스로에게 물어보면서 되돌아보는 시간을 가지고, 실행에 옮겨보자. 세계적인 기업가 하워드 슐츠(Howard Schultz)는 "가격보다는 고객에게 줄 수 있는 가치로 차별화하라"고 말했다. 브랜드가 생존하기 위해서는 그것이 무엇을 상징하고 있는지 고객들이 인식해야 하고, 이것은 브랜드가 구별의 단계를 넘어 그것이 무엇을 상징하는지 인식함으로써, 존재적 가치와 효용적 가치가 느껴져야 한다는 의미인 것이다. 소비자들에게 차별화된 가치를 인식시키는 것이 더욱 중요해지면서 가격 경쟁은 이미 무의미한 일이 되었다고 그는 말한다.

고객이 말 못하는 잠재적 욕구 파악하기

희소성을 강조하라

당신은 위로가 필요할 때 어떤 방법으로 위로를 얻는가? 누군가는 이 질문을 보고 "사람들과의 대화를 통해서"라고 대답할 수 있고, 또 혹자는 "책을 읽거나 나만의 시간을 혼자 가지며 스스로 위로한다"라고 할 수 있을 것이다. 때로는 누군가에게 말 못하는 비밀을 가지고 살아가기도 한다. 무엇인가 부족하거나 결핍되어 필요한데 주변인에게 말을 했다가 나에 부족함이 있다는 것이 결점으로 보일까 조심스러울 수 있다. 나는 이것을 MD를 하며 다시 한번 느끼게 되었다.

앞서 '지갑을 여는 언어의 비밀' 편에서 예로 제시했던 '강하게

〈MD638 올인원 로션 포맨〉

[출처 : 저자 제공]

끌리는 유혹적인 향' 문구를 기억하는가? 위 사진은 그 문구의 이미지다. 실제로 그 이미지에 사용되었던 제품은 MD638 올인원 로션 포맨 제품이었다. 해당 제품은 기능성 화장품의 그 어떠한 장점보다도 향이 모든 것을 다 했다고 할 정도로 향이 좋았다. 물론 나의 주관적인 생각이지만 향을 좋아하는 여성이라면 정말 너무나도 좋아할 남성용 로션이라고 생각했다. 그래서 해당 제품을 기획할 때, 데이트할 때 바르면 꼭 성공할 거라고 생각했다. 즉, 해당 제품이 누구에게 가장 필요할까 생각했을 때, 타깃은 당연히 남성이었고, 그중에서도 데이트에 성공하는 남성이 아닌 실패하는 남성을 1등으로 생각한 것이다. 또한, 제품을 보면 일반적인 로션의 모양이 아니라 남성들의 향수를 불러일으키는 군대에서 사용하는 수통 모양이었다. 남성적인 수통 모양 안에 들어 있는 로션이지만 기능성 화장품이고, 끈적이지 않는 제형, 거기다 여성이 좋아하는 향까지! 너무나도 매력적이지 않은가? 거기에 가성비까지 좋다면 두말할 것이 없었다.

처음 해당 상품을 기획하고 컨펌을 받으러 갔을 때 본부장님의 표정을 잊을 수가 없다. 본부장님은 이 문구를 꼭 넣어야 하느냐고 선정적이지 않은가 의아해하셨다. 나는 짓궂게 이 표현을 써야 대박을 낼 수 있다며 강력하게 어필했다. 결과는 역시 본능이 이겼다. 처음에 해당 제품을 카카오스토리 채널에 테스트했을 때 반응이 그리 좋은 편은 아니었다. 저녁에 상품이 올라가고 댓글이 남겨지기만을 기다렸는데 예상외로 댓글이 많이 없었다. 그런데 이게 웬일인가! 구매결제 링크를 올리고 난 후, 결과가 나오기 시작한 것이다. 이제야 소비심리를 알게 되었다. 노출되기 싫어하는 소비자의 심리, 구매하고 싶으나 내가 구매한 것을 남기고 싶지 않은 그 마음을 말이다. 나는 바로 해당 제품에 맞는 플랫폼에 영업하기 시작했다. 그리고 그 성과는 너무나도 빠르고 크게 돌아왔다. 바로 1차 완판이라는 초보 MD에게는 큰 성과였다. 거래처 미팅을 마치고 퇴근하는 길에 본부장님이 휴대전화 너머로 전달해주셨다.

"현주MD, 거래처에서 해당 제품을 3,000개 구매한다고 하는데 제품이 없대. 코로나 때문에 지금 수급이 어려워서 5월에 들어온다고 하니 그때 납품하자."

나는 전화를 끊자마자 참았던 눈물을 주체할 수 없었다. 원래 울보이긴 한데, 정말 그동안의 고생을 보상받는 기분이었다.

#위생적인 개별포장 #귀, 코 이물질 제거 #양끝이 다른 면봉 #순면 100% #합리적인 가격

코로나19로 인해 많은 시장이 큰 타격을 입었다. 우리 역시 그 흐름 속에서 대책을 마련해야만 했다. 소비자들은 집안에서 해결해야 하는 기본적인 의식주 외에 필요 물품을 온라인으로 구매하는 것에 혈안이 되어 있었다. 나 역시 해당 제품의 소싱에 주력했다. 그 와중에 찾은 제품이 바로 면봉이었다. 일반 면봉이 아닌 개별 포장된 면봉이었다. 위생에 정말 민감한 시기에 개별 포장된 면봉이니 너무나도 만족스러웠다. 해당 제품은 기본 업체에서 제공한 상세페이지 역시 너무 잘 나와서 문구만 추가하고 빠르게 오픈했다.

판매력은 대단했다. 마스크가 시장에 돌면 금방 품절되었고, 손세정제가 한번 돌면 순식간에 품절되었다. 소비자들은 환경에 대해서도 상당히 민감하게 반응했다. 이때 나는 아이들 음식과 위생용품, 그리고 장난감들을 메인으로 판매하며 부진했던 매출을 올리려고 노력했다. 실제로 식료품값이 많이 올라서 밀키트 제품들이 많은 인기를 얻고 있었다. 정말 운이 좋게도 주변 거래처들이 빠르게 제품을 제공해주셔서 순조로운 판매가 가능했다. 여기서 다시 한번 기존의 거래처 관리의 필요성에 대해 느끼게 되었다. 그리고 무엇보다 중요한 것은 희소성이었다. 존재의 가치는 곧 희소성! 고객이 꼭 필요하다고 느낄 때 희소성까지 더해진다면 매출은 보장된 것이다.

지속되는 코로나 팬데믹으로 인해 신규 거래처 찾기는 어렵기만 했다. 심지어 엎친 데 덮친 격으로 기존 거래처마저 감소하고 있었다. 거래처들은 서서히 제안하는 상품의 판매를 줄이고, 자사 상품들을 우선순위로 선정해 판매하기 시작했다. 그 이유는 자사 상품들이 이윤이 높기 때문이다. 매출이 부진하니 차라리 이윤이라도 높은 것으로 판매하겠다는 전략으로 바뀐 듯 보였다. 확실하게 매출이 잘 나오는 제품으로 선정해 진행하지 않는 한, 타사 제품이 메인 타임에 들어가는 것은 정말 어려워 보였다. 실제로 나 역시 자사 제품을 메인으로 세팅했으니 말이다.

나는 그렇게 했지만, 타사를 어떻게 설득해서 우리 회사 제품을 판매하게 할까 생각했다. 무엇이든 정해진 답은 없다고 생각했다. 배운 대로만 한다면, 모두가 똑같은 결과를 가져올 것이므로, 나만의 뭔가 특별한 '감각'이 필요하다고 생각했다. 남들과는 다른 감각, 그리고 특별하게 제공하는 유니크한 서비스, 그것도 고객에게만 주는 서비스 말이다.

'고객님에게만 드립니다' / '첫 번째로 제안합니다' / '단독 판매를 제안합니다'

그렇게 나는 기존 거래처 중 키맨을 찾아 나섰다. 그리고 그 키맨에게 이벤트 제안을 하며 내가 MD로서 지원할 수 있는 부분에서 최대한 지원을 아끼지 않았다. 지금 이 제품을 진행하지 않는다면, 고객들에게 가져다줄 수 있는 좋은 기회를 놓칠 수 있다는 뉘앙스를 느끼게끔 했다. 물론 해당 이벤트가 성사되려면 상품이 꼭 필요하거나 매력적이어야겠지만 말이다.

"MD님, 이번 상품은 꼭 OO만 제안합니다. 그리고 샘플 보내드릴 때, 특별히 이벤트 지원해드리는 상품 추가로 보내드리니 세 분에게 댓글 이벤트까지 함께 해보셔요. 반응 보시고 하셔도 되니 너무 부담 갖지 마시고요."

반응이라는 빠져나갈 구멍까지 만들어주는 배려가 담겨 있지만 이보다 더 큰 부담이 있을까? 실제로는 샘플을 받아볼 정보를 말하는 순간 이미 딜은 성사된 것이나 마찬가지다. 택배가 너무 늦게 도착하거나 분실, 파손되지 않는 이상 말이다.

고객은 스스로 아는 것에 대해, 그리고 익숙하게 알아오던 것에 대해 감정적인 유대감을 갖고 있으므로 반응을 보인다. 그리고 그것에 대한 큰 거부반응이 없다면 그 물건을 사는 것에 거리낌이 없고, 함께한다. 우리는 그 가치를 이용하면 된다.

의심 많은 고객의 마음 역이용하기

고객 니즈 파악의 필요성

한번은 매출이 너무나도 확실하게 보장된 제품을 영업하고 있었다. '매출이 보장되었다'라는 표현은 살림, 육아, 다이어트 등 카테고리를 분별해 진행하는 업체들이 있는데, 그런 곳에도 해당 상품을 제안할 시 거래가 성사될 수 있다는 의미다. 그만큼 소비자의 반응과 구매 전환이 너무나도 잘되는 상품이었다. 그렇게 각 거래처에 상품을 재고에 맞추어 영업하고 있을 때였다. 한 거래처에서 내게 정확한 데이터를 요청했다. 상위로 매출이 좋았던 거래처와 플랫폼, 그리고 판매 기간과 판매율 등이었다. 상당히 당황스러운 순간이었다. 마치 내 영업 정보에 대해 의심하는 것 같은 느낌을 받았다. 순간 이런 느낌은 내 자격지심인 것만 같은 못난 생각도 들었다. 아니면 내가 영업하는 곳에 대한 정보를 알고 싶은 것인가 하는 생각도 들 정도로 당황했던 순간이다.

당신을 믿지 않는 고객이 있다면 어떻게 하겠는가? 앞서와 같은 상황이라면 말이다. 실제로 나는 이런 질문을 받음으로써 다시 한 번 깨달았다. 해당 내용을 다시 정리 후 안내한다면 MD가 고객에게 전달하는 글에 큰 도움이 될 것 같았다.

“MD님, OO 제품은 새치로 고민인 고객님을 위한 게 아니에요! 뿌염을 하려는 멋쟁이들을 위한 제품입니다. 가볍게 스틱을 돌려서 챱챱! 불편하게 뿌려서 떨어지는 흑체는 이제 그만! 해당 제품은 OO몰에서 판매하자마자 1차 1,000개 완판하고, 2차 한정 수량 VIP 업체만 사전 예약으로 진행 예정입니다.”

그 MD는 나를 믿지 않은 것이 아니라 나에게 더 자세한 정보를 요구함으로써 고객에게 제품에 대한 소구점을 제대로 전달하고 싶었던 것이라는 것을 뒤늦게 깨달았다. 내가 하고자 하는 말과 고객이 듣고자 하는 말을 구분하는 것이 필요하다는 것을 MD의 질문을 통해 알게 되었다. 그리고 나는 여기서 ‘고객 정의’를 다시 해야겠다고 생각했다. 그때 당시 나는 플랫폼을 운영하고 있었으므로 상품을 구매하는 소비자와 상품을 판매하는 업체의 MD 또는 거래처, 그리고 상품을 공급받는 제조사가 고객이었다.

고객마다 상품에 대한 니즈와 바라보는 시각이 달랐다. 그들이 듣고 싶은 단어와 이야기를 내가 전달한다면 오늘보다 더 나은 성과가 나올 수 있다는 확신이 있었다. 그래서였을까? 나는 매일 열심히 일하는 개미라고 생각했다. 매일 같은 패턴으로 업무를 진행했는데 매출은 좀처럼 늘지 않고, 친한 거래처 MD는 개인적으로 연락을 하며 대박 상품을 구했다고 자랑할 때 나는 초라함을 느꼈다.

다시 처음으로 돌아가 고객 정의를 시작해보았다. '고객 정의부터가 잘못되었구나'라고 생각했고, '나의 고객을 다시 확보하자!'라고 생각했다. 구매자의 지갑을 열려면 더욱 고객을 세분화시켜 정의하는 것이 필요했다.

예를 들어 제품이 도움이 되는 분, 제품이 필요한 분, 제품으로 고민이 해결되는 분, 제품을 추천하고 싶은 분 등. 정확하고 명확하게 고객을 정의해야 내가 판매하고자 하는 제품이 어느 곳에서 어느 고객(나이, 성별, 기타)에게 판매할 수 있을지 계획할 수 있었다. 그래서 나는 상세페이지를 기획할 때도 꼭 '이런 분들에게 추천'이라는 페이지를 기획했다. 해당 페이지가 실제로 판매페이지에 노출되지 않는다고 해도 말이다. 상품 또는 특정 메시지로 인해 과대로 오인될 수 있어 기획에만 사용하고, 실제 구매페이지에는 스킵되는 경우가 다반사다.

평소 속이 더부룩하고 불편하지 않으신가요?
쾌변하지 못해 힘드신가요?

평소에 채소, 과일을 못 챙겨 드시나요?
부모님께 건강 선물을 드리고 싶으신가요?
늘 젊고 건강해지고 싶으신가요?

이러한 예시처럼 상품에 대해 확신이 없는 고객에게는 정확하게 이 제품을 사야 하는 이유를 알려줌으로써 내가 꼭 필요하다는 것을 어필하는 소구점을 드러내야 한다는 것을 앞서 MD의 질문 하나로 깨달았다. 그리고 그 MD의 질문을 계기로 나는 다시 한번 그동안의 내 영업 멘트가 얼마나 1차원적이었는지 느끼고 부끄러웠다. '그저 성실하게 한다고 모든 것이 해결되는 것은 아니구나!' 하고 말이다. 고객은 내가 원하는 것을 주는 사람에게 돈을 쓴다. 나에게 시간을 불필요하게 빼앗아가는 사람을 원하지 않는다. 내 시간을 절약하게 해주고, 이득을 줄 사람이 있다면 그 사람과 가까이 하고 싶지 않겠는가?

이용 가치 제시하기

소비자에게 상품을 구매하기 전 직접 사용한 것같이 체험하는 느낌을 주는 이미지를 상세페이지에 기획해 상품의 이용 가치를 조금 더 늘려보았다. 실제로 해당 상품은 처음부터 반응과 전환이 빠르게 올라와 정말 좋은 결과를 낼 수 있었다. 실제로 A제품은 사람들의 공통된 고민을 해결해줄 수 있는 제품 같았다. 단 하루라도 우리는 양치하지 않고 살아갈 수 없다. 가장 큰 이유는 구취! 치아 건강은 둘째다. 사람과 사람이 소통하기 위해 필요한 기본적인 에티켓 중 하나로 미팅, 데이트, 일상적인 대화 시 가장 신경 쓰이는 부분 중 하나가 구강 관리라고 한다. 그래서 구강과 관련한 A제품을 기획할 때, 정말 이거 하나로 해결될까에 대해 의심도 하지 말라는 느낌으로 상세페이지를 기획했다. 그 이유는 고객들의 사용 리뷰와 판매량, 그리고 성분의 안전성에 대한 자료를 믿었기 때문이다. 무엇보다 중요한 것은 나 자신이 직접 체험해보고 상품에 대한 믿음이 있었다. 상품을 판매하는 사람이 그 상품에 대해 믿음을 가지는 것은 기본이 아닐까?

해당 제품을 영업할 때, 반응은 딱 두 가지로 나뉘었다. 매출 부분에서의 긍정 반응과 실제 상품에 대한 의심이었다. 매출에 대한 부분은 상품을 진행한 거래처들에서 나타났다. 바로 추가 진행하겠다는 긍정 시그널로 말이다. 전체 채널 확장, 추가 진행, 푸시, 광고 예정 등이 그 예시였다. 이와 반대로 상품에 대한 의심은 진행을 고민하는 거래처에서 나타났다. 구취의 근본적인 원인을 어떻게 A제품이 바로 해결해주냐는 것이었다. 맞는 말이다. 생각해보라. 의류 쇼핑몰의 경우 'FREE 사이즈' 옷이라고 하지만 실제 모델은 대부분 55 사이즈를 착용해야 할 정도의 여리여리한 체격을 가진 모델이 촬영하는 경우가 있다. 그래서 마치 66 또는 77 사이즈 고객들도 내가 입으면 맞겠지 하고 구매 충동을 느끼게 한다. 그리고 상세페이지에는 '44~66 또는 마른 77 가능'이라는 문구를 기재하고 있다. 실제는 다를 수 있지만 고객이 사고 싶도록 이용 가치를 제시하는 것을 나는 표현한 것이다. 근본적인 문제 또는 원인을 해결할 수는 없다. 제품에 따라 효능과 성능이 명확하다면 기능성을 인증받은 제품을 판매하니 더욱 안전할 것이다. 이에 맞게 안내하면 된다. 그 인증받은 서류 안에서 말이다. 그리고 개인차가 있음을 반드시 포함해야 한다.

소비자들이 일상생활 속에서 필요한 상품이 있을 때 그것을 간접적으로 체험할 수 있다면 어떨까? 그 제품을 사용한 다른 사용자들의 사례를 한 구매페이지 안에서 확인하고, 안전성에 대한 인증서류까지 확인할 수 있다면 이보다 더 확실한 제품이 어디 있겠는가! 제품만을 찍어서 소개하는 일반적인 상세페이지 외에 실제 사용 리뷰 또는 인증서, 착용 컷 등을 활용한다면 더욱 믿음이 가는 상세페이지를 기획할 수 있게 된다.

내가 아는 것이 전부라고 믿는 사람의 마음을 움직이려면 정확한 데이터를 보여주고 증명하면 된다. 사실을 보여주는데 그 말을 믿을 수밖에 없지 않겠는가. 의심 많은 고객은 이 계기를 통해 당신을 신뢰하는 고객으로 바뀌어 있을 것이다.

소비자의 언어를 사용하라

고상은 개나 줘버려!

"현주야, 22번 채널 좀 틀어봐. 지금 세일한다. 그것 좀 시켜줘. 3개만 사! 알았지?"

나는 엄마와 이모의 홈쇼핑 주문을 수시로 대신해주고 있는 가족 콜센터 직원이다. 어른들은 홈쇼핑에서 구매하면 조금 더 저렴하고 혜택을 받는 기분이 든다고 하신다. 다만 홈쇼핑으로 구매 시 카드 번호를 말하거나 휴대전화로 입력해 남길 경우, 자신의 정보가 도용당하는 것 같다고 하신다. 확인되지 않은 거짓 뉴스들로 인해 매우 꺼려하시며 도전조차 하지 않는 덕분에 나는 무료 서비스로 새벽에도 홈쇼핑에서 물건을 주문해드리고 있다. 이 때문에 때로는 24시간 돌아가는 홈쇼핑이 얄미운 적도 있다.

이런 경험 때문에, 나는 카카오스토리 채널 MD를 했을 때, 연령대가 있는 채널 운영 시, 최대한 언어를 소비자의 나이에 맞추어 쓰려고 노력했다. 그런데도 몇몇 고객들은 상품을 보고 주문하는 방법을 모르셔서 아침이 되면 변함없이 전화로 주문을 요청하는 경우도 있었다.

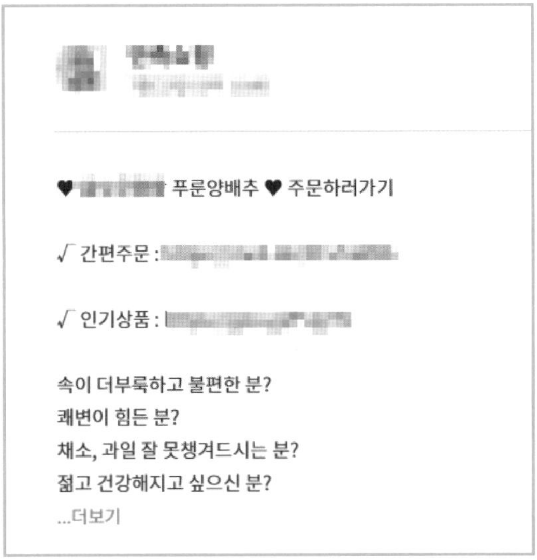

〈채널 운영 시 글 작성 예시〉

[출처 : 저자 제공]

덕분에 나는 보름 또는 한 달에 한 번 정도 모아서 주문해주셨던 고객부터 산골 사시는 할아버지 등, 다양한 단골손님들을 만날 수 있었다. 어떤 고객은 정말 먹거나 사용하면 효과가 있는지 꼭 듣고 구매하고 싶다며 전화로 확인하는 분들도 계셨다.

이때, 나는 조금 더 전화량을 줄이고 글로 고객의 궁금함을 해소시킬 수 있을지 고민하게 되었다. 플랫폼 특성상 상단에 제목과 위쪽 3줄을 잘 노출시키기만 한다면 충분히 효과가 있을 것 같았다. 그리고 업체에서 전해준 제안서의 상품명과 옵션명이 혹시 고객에게 혼란을 준다면 변경 가능한지 확인해서 더 쉽게 만들어 고객이 쉽게 주문할 수 있도록 하는 것이 최선의 방법이라고 생각했다.

같은 상품을 같은 시간대, 혹은 다른 시간대에 같은 플랫폼에서 여러 회사가 판매하고 있다. 그러면 우리 회사의 채널에서 고객이 더 구매하고, 상품이 더 노출되게 하는 방법은 무엇일까? 그 답은 고객이 원하는 것을 주어야 한다는 것이다. 고객이 원하는 언어를 사용해서 말이다. 정말 간단하고 쉬운 답이었다.

연세가 있는 어르신들의 경우 영어로 된 상품명과 제품설명 등을 이해하기 힘드실 것 같았다. 그래서 최대한 쉽고 간편하게 한국말로 사투리를 섞어가며 풀어서 글에 녹였다. 예를 들어 판매해야 하는 상품명이 '에어제로 반진공 쌀통 케이스 10kg'이라고 해보자. 해당 제품을 노출하는 글을 다음과 같이 표현하는 것이다.

타이틀 : 눈 깜박하니 품절! 쌀통, 나만 없나 봐요!
내용 : 울 엄마, 시엄니! 저보고 명절에 내려오지 말래유!
이거 하나 사드렸더니 최고라고 하셔유!

용돈보다도 낫다고 하시는데…. 이게 뭐라고….

도대체 얼마나 대단한 쌀통이길래 명절에 시어머니까지 내려오지 말라고 하는 것일까? 사람들은 어딘가 모르게 공감되는 스토리에 끌리게 되어 있다. 시댁 가기 싫은 분들은 구매할 확률이 높다. 사용 멘트의 경우 앵콜을 할 때마다 바꾸어 사용했다. 만약 시기가 더운 여름일 경우, 벌레가 들어오는 것을 차단한다는 문구를 강조해 사용하는 것이다.

타이틀 : 덥다, 더워! 벌레 들어올 공간도 없는 쌀통 여기요!
내용 : 1차 순삭 완판하고, 2차 1,000개 한·정·수·량으로 돌아왔어요!
벌레 때문에 우리 쌀 버리기 싫으신 분들 손!
1차 때 구매 못 하셨다면 지금 얼렁 데려가세요~!

실제로 해당 쌀통은 판매 1개월도 안 되어 완판되었고, 플랫폼을 운영하는 업체를 비롯해 SNS 기타 플랫폼을 운영하는 일부 업체들까지 진행하는 등 정말 나에게는 영광의 순간을 안겨주었다. 내가 소싱하고, 판매까지 보장되었으며, 그리고 그것이 실적으로까지 이어지니 너무 감사했다. 고객에게 필요한 상품을 제안하는 것도 당연하지만, 고객이 이해하기 쉬운 언어를 사용하는 것, 고객의 눈높이에 맞는 언어를 사용하는 것이 매출을 올리는 지름길이다.

상품의 장점을 오감으로 느끼게 하라

역지사지

이번에는 정말 아무것도 모르고 MD 일을 시작한 워킹맘이 가상 상품을 판매한다고 가정해보고, 어떻게 기획하고 영업할 때 어떤 멘트로 진행을 할 것인지 지금까지의 내용을 바탕으로 풀어보고자 한다. 물론 3장과 4장에 더욱 자세한 설명들이 포함되어 있지만, 이번에는 단어 하나의 노출로 인해 소비자에게 '스키마(단어를 듣고 이미지로 변환할 때 그것에서 연상되는 정보)'를 불러일으키고 구매까지 일으키려고 수백 가지를 생각하는 쓸데없는 워킹맘의 시간을 보여주려고 하는 것이다. 이 과정을 직접 확인함으로써 여러분은 시간을 절약하기를 바란다.

상품 : 쌀통
스펙 : 10kg, 화이트, 중국제조, 본품, 계량컵, PP, etc
가격 : 미지정

1. 제안서 작성(엑셀)
- 상품명 세팅
- 가격 세팅(공급가, 판매가, 배송비 등)
- 추가 기타 정보기입(상품정보고시 내용)

2. 기획서 작성(알마인드, 파워포인트 활용)
- 구매 대상자 분류
- 상품의 소구점 체크(차별점)
- 상품의 단점 파악(타사 브랜드 체크)
- 핵심 문구, 이미지를 활용해 작성
- 섬네일 4장 핵심으로 작성
- 업체 이미지 활용

3. 보고&협업
- 1차 본부장님에게 제안서, 기획서 보고
- 디자이너에게 기획서 공유
- 1차 디자인 제조사 확인 요청(오탈자, 과대광고 등 수정사항 체크)

4. 상품 판매
– 1차 테스트 진행(자사몰)
– 소비자 반응, 구매 전환율 체크
– 제조사 피드백 안내(1차 상품 수령)
– 상품 판매

5. 발주 및 배송
– 발주서 확인
– 제조사에 발주 진행(2차 상품 수령)
– 택배 발송

앞서 내용들을 보면, 누구나 다 아는 내용일 것이다. 그러나 누군가에게는 쉽겠지만 다른 이에게는 그렇지 않을 수 있다. 실제로 쌀통을 판매하기 위해 제안서와 기획서를 작성해야 하지만, 제안서는 다음 페이지의 알마인드 작성 부분으로 대체하겠다.

기획서를 작성하기 전 세부 내용을 알마인드 또는 빈 종이에 기재해서 정리한다. 그 안에 들어갈 내용이 완료되면 '고객 정의'에 맞춘 '누구에게'에 초점을 맞추어 기획을 시작한다.

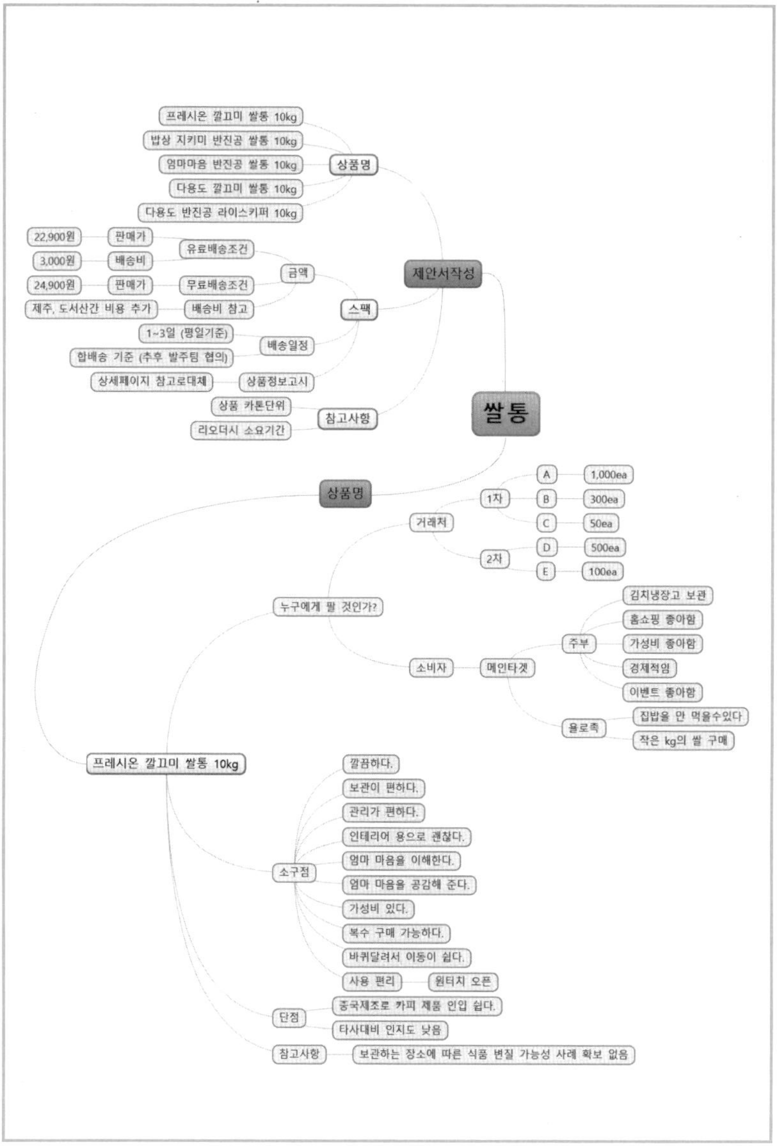

〈쌀통 기획서 작성 전 제안서 및 세부 내용 기획 수립하기〉

[출처 : 저자 작성]

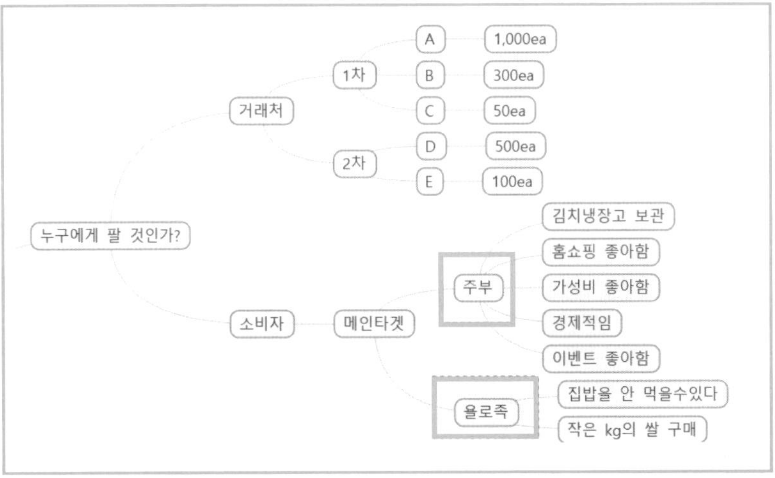

〈고객 정의를 통해 판매하려는 대상 확인〉

[출처 : 저자 작성]

고객 정의는 주부와 욜로족으로 잡았다. 이중에서도 메인을 욜로족으로 정했다. 그 이유는 나의 고정관념으로는 주방에 많이 머무르는 사람이 쌀통의 실사용자다. 그렇다면 주부 즉, 어머니가 더욱 구매 필요성이 있을 것으로 보인다. 하지만 오늘날 우리 어머니 세대가 현재 내가 관리하는 몰 또는 거래처에 접속해서 구매까지 할 수 있는지가 의문이었고, 필요성을 알기에 당연히 구매할 것이라는 나의 가설을 바탕으로 구매의 필요성을 못 느끼는 욜로족의 마음까지 사로잡는다면 이 기획은 더욱 성공적일 것으로 생각했다. 내 고정관념에서는 주부가 그 답이므로 그럼 그 남은 빈틈 중 하나인 욜로족 즉, 주부가 아닌 분들을 대상으로 쌀통을 판매하려고 기획의 방향을 잡았다.

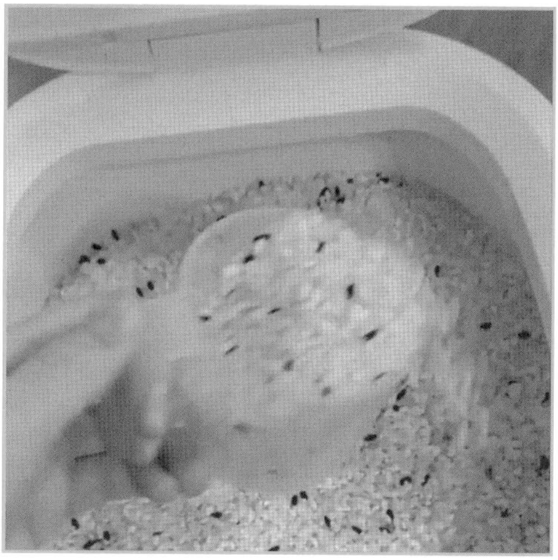

〈쌀통 동영상 촬영 이미지〉

[출처 : 저자 제공]

기획서를 작성할 때, 전문적인 디자이너가 아니므로 기획 의도와 비슷한 무드, 톤, 모양의 상품을 캡처해 파워포인트에 작성한다. 혹은 희망하는 구도와 톤, 소품 등을 기재한다. 이때 섬네일로 사용될 4장을 메인으로 기획하는데, 그중에서 나는 3장을 핵심으로 '문구 있는 컷'과 '문구 없는 컷' 그리고 '실사 컷' 등으로 나누어 기획한다. 기획의 콘셉트는 이미지만 보고도 고객이 '어떤 상품을 판매하는지, 나에게 필요한지, 이것을 왜 사야 하는지'를 알 수 있도록 표현한다. 만약, 작품을 기획할 때, 이미지 외 동영상(MP4, GIF) 파일을 사용 시 소구점들이 더욱 드러날 수 있다고 생각할 경우 추가 제작을 진행한다.

나의 경우, 집에서는 핑크색 타원형 반진공 쌀통을 사용하고 있었다. 어머니로부터 선물받은 쌀통이었고, 현재 남아 있는 양을 눈금을 통해 알 수 있었다. 쌀통 사용자로서 편리함을 잘 알고 있었기에 기획할 때 장점을 잘 표현할 수 있었다. 상품을 기획하기 전 항상 '만약 이 제품이 나에게 없다면 어땠을까?' 등을 생각하고 기재해본다. '만약, 나에게 쌀통이 없었더라면?', '나는 일반 용기에 쌀과 잡곡을 구분해서 보관했을까?', '섞어서 보관했을까?', '어디에 보관했을까?', '실온 보관일까?', '벌레의 경우 어떻게 될까?', '오래 보관 시 밥은 맛있을까?', '그렇다면 밥을 할 때마다 뚜껑을 수동으로 여닫고 해야 하는가?', '허리를 숙이고 해야 하나?', '쌀통이 이쁘면 안 되나?', '나는 민트색도 좋고 파란색도 좋고 색상이 다양했으면 좋겠다', '이왕이면 잡곡을 분류해서 보관할 수 있다면 더욱 좋겠다', '공간 활용되는 쌀통은 없을까?', '습기를 방지해 주는 역할이 있고 쌀통 전용 계량컵과 밥주걱을 함께 제공한다면 소비자는 여기서 구매 안 할 이유가 없을 텐데…' 등 여러 방면에서 고민해본다.

실사용자 또는 상대방을 생각하며 기획을 시작하면 조금 더 쉽게 기획을 풀어나갈 수 있게 된다. 그 입장과 행동, 그리고 패턴까지 고려한다면 소비자의 마음을 사로잡을 수 있는 이미지, 문구를 기획서에 담아낼 수 있을 것이다.

심혈을 기울인 상세페이지의 배신

구슬이 서 말이라도 꿰어야 보배

나는 찬물 더운물 가리지 않고 소싱과 영업에 미쳐 있었다. 매출을 끌어올릴 수만 있다면, 그리고 목표를 달성해서 상여금을 받을 수만 있다면 어떤 상품이든 가리지 않고 진행했다. 초심을 잃어버린 느낌이었다. 상여금을 받아보니 너무 짜릿했고, 그 기분을 잊지 못했다. 그래서 나의 패턴은 같았다. 아침 매출과 발주 체크, 그리고 거래처들의 입점 상품 현황 체크, 그리고 이어지는 사회 이슈 체크. 그러고 나서 신규 상품을 조사하고 거래처를 찾는다. 그렇게 영업을 시작하고, 새로운 제품을 기획하고, 제안서를 작성하고 내일을 준비하며 하루를 마무리한다.

나는 정말이지 매일 기본에 충실했다. 그게 내가 가지고 있는 가장 큰 무기였다. 나에게는 어떠한 인맥도 그리고 영업 비결도 없었기 때문이다. 시키는 대로 정말 미련하게 일했다.

〈소싱&영업 워킹맘 MD의 하루 일상〉

[출처 : 저자 제공]

남들은 일머리 없이 일한다고 할 수도 있겠다. 하지만 나에게는 목표를 달성할 거라는 믿음과 소신이 있었다. 멀리 보면 성실함과 변함없는 노력이 내게 큰 결과를 안겨줄 것이라고 믿었다. '영알못'이던 내가 결국은 영어를 잘할 수 있게 된 것처럼 말이다.

제안서 작성과 기획서 작성 부분에서 잦은 실수를 해도 본부장님은 크게 나무라지 않으셨다. 오히려 웃으며 격려해주셔서 나는 더 큰 용기를 낼 수 있었다. 실은 나는 그야말로 숫자에 약한 '숫자 바보'다. 그 때문에 조건부 무료배송 부분 가격을 설정할 때 고객에게 다 퍼주는, 말도 안 되는 가격을 설정해서 보고하는 경우가 종종 발생했다. 여기서 조건부 무료배송이라 함은 특정 가격대를 구매하면 무료로 배송해주는 조건을 말한다.

나도 MD에 앞서 한 명의 고객인 것을 어떻게 하겠는가! 그 정도의 금액이면 무료로 배송해줄 만하다고 느꼈고, 소비자 관점에서는 억울할 만도 하다고 생각했다. 그러나 본부장님이 다시 결재를 올리라고 하셔서 어느 순간부터는 나도 포기하고 조건부 무료배송을 넣지 않게 되었다. 결국은 내가 포기해버린 것이다. 가격 설정의 키가 고객을 내 상품에 집중시킬 수 있는 조그만 무기라고 생각했지만, 이렇게 되고 보니 나는 상세페이지 기획에 더욱 심혈을 기울일 수밖에 없었다.

사람들은 어떤 이미지를 보면 구매페이지로 넘어갈까? 어떤 이미지를 봐야 지갑을 열까?

이번에 내가 기획과 영업을 맡은 것은 우리 회사에 큰 매출을 안겨준 '대나무 숯치약' 리뉴얼 건이었다. 해당 상품은 원래 사수 MD의 상품이었으나 리뉴얼을 진행하지 않겠다고 해서 나에게 주어진 일이었다. 나는 이것이 기회라고 생각했다. '대박 상품이 나에게 오다니!' 혹자는 제품의 라이프사이클을 말하며 곧 있으면 판매량이 떨어질 거라고 염려 섞인 목소리를 내기도 했다.

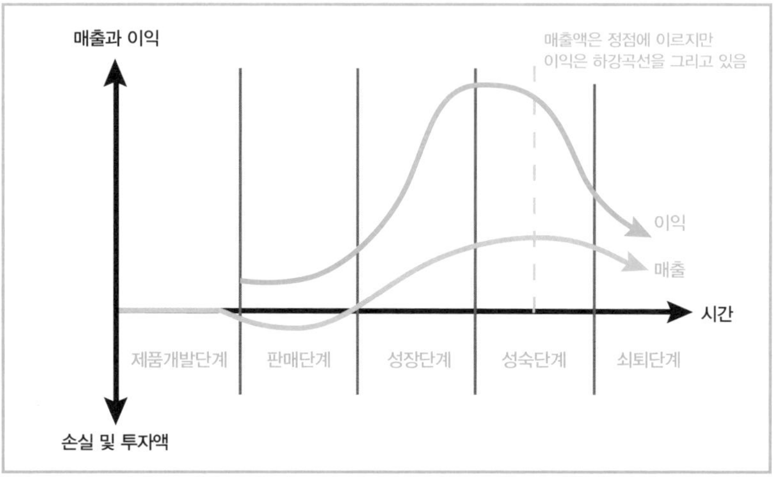

〈제품의 라이프사이클〉

[출처 : 저자 작성]

나는 대나무 숯치약 패키지 리뉴얼 미션을 무슨 자신감으로 한다고 했는지 후회하기 시작했다. 그저 매출에 눈이 멀어서 한다고 나선 내 자신이 원망스럽기까지 했다. 대표님이 설명해주셨던 내용을 노트에 끼적였던 것도 이제야 생각난 것이다. 아무래도 성장과 성숙의 단계 사이일 텐데 어떡하지…. 그래서 나는 상세페이지를 정말 목숨 걸고 진행하기로 했다. 고객을 사로잡고, 무조건 신뢰하게 만들 상세페이지를 기획하는 것이다. 제품은 이미 충분히 브랜딩이 되었다. 그러니 스토리가 담긴 진정성 있는 상세페이지만이 내가 살길이라고 생각한 것이다.

고객은 사용 후기를 절대적으로 신뢰한다고 생각했다. 이미 해당 제품은 상당히 많은 사용 후기를 담보하고 있었다. 게다가 보장된 시장과 함께 기존에 보유하고 있는 판매 수량이 확보되어 있었다. 이외에 마케팅 요소로 더욱더 구매를 설득하는 타이틀이 쓰인 여러 인증서가 준비되어 있었다. 이는 실제 사용 사례의 이미지를 최대한 과대 이미지가 아닌 것처럼 보이게 했다. 또한, 치약에 사용된 재료의 효능을 표현하면 과대광고로 걸릴 수 있어서 각별히 조심했다. 상세페이지에 문구를 기재할 때도 당당하게 특정 기간 안에 10만 개 판매를 돌파한 제품이고, 불만족 시 100% 환불해드리겠다고 당당하게 기재했다.

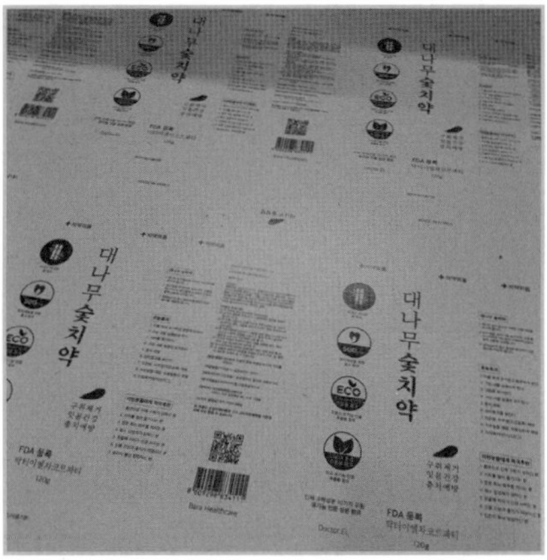

〈제품 패키지 감리 사진〉

[출처 : 저자 제공]

처음으로 제품을 감리하러 갔을 때를 잊지 못한다. 아무런 스펙도 없는 워킹맘이 제품을 만들고, 이제 감리까지 가다니! 눈물이 나오는 것을 꼭 참고 동영상과 사진을 연거푸 찍었다. 그리고 인쇄물에 오탈자는 없는지, 색상이 다르지는 않은지 최종 점검 후 완판을 다짐하며 부산에서 대전행 KTX에 올랐다.

그렇게 순조롭게 상품의 완판을 기대하며 마케팅 및 판매 준비를 마치고 있었다. 그런데 판매를 시작하고 얼마 지나지 않아 갑자기 전화 한 통이 걸려왔다. 거래처 MD가 나를 찾는 전화였다. 아무리 훌륭하고 좋은 것이라도 다듬고 정리해 쓸모 있게 만들어놓아야 값어치를 하는데, 정말 치명적인 실수를 한 것이다. 인증서 갱신이 만료되었던 것이다. 상세페이지에서 정말 보이지도 않는 그 인증서에 적힌 날짜! 이것은 분명 경쟁사가 신고하지 않았을까 하는 합리적 의심을 떨칠 수가 없었다. 계속해서 남 탓만 하기를 수십 번, 아니 수백 번이었다. 그러면서 '저 4,000개의 치약은 어떻게 하지?' 라고 나는 생각했다. '갱신하고 판매하면 되지. 잠시만 쉬었다 가면 되는 거야'라고 스스로에게 되뇌었다.

본부장님은 그런 나를 다독거리셨다. 정말 갱신만 하면 되는 부분이었는데, 그것을 놓친 것이다. 우리가 잠시 판매를 쉬는 사이 숯과 관련된 다른 치약들이 바로 입점 및 영업을 하며 시장에 출시되어 판매되기 시작했다. 나는 인증서들이 갱신되는 사이 다른 숯 치약들이 소비자의 마음을 차지하게 될까 봐 노심초사했다. 그런데 정말 다행히도 우리 제품의 충성 고객들과 일부 거래처 MD는 기다려주었다. 약속한 갱신 일정이 다가오자 메일로 체크하는 MD와 댓글로 상품 입고 일정을 묻는 고객들에게서 나는 정말 큰 위로를 얻었다.

〈대나무 숯치약 리뉴얼 이미지(2021년 버전)〉 [출처 : 저자 제공]

TIP | 워킹맘의 기획 꿀팁!

- 상세페이지 소구점을 돋보이게 하려고 문구, 특정 단어, 또는 이미지를 노출할 때, 법적으로 문제가 되지 않는 것을 사용해야 한다. 과대광고 또는 논쟁거리가 되는 것을 사용할 시 심적 또는 물질적 피해가 더 크게 돌아온다는 것을 명심하자.

요즘 소비자들은 눈으로 읽고 구매한다

끌리는 상품 언어

저마다 각자 불리는 이름이 있다. 사람에게는 저마다의 이름이 있듯이 상품에도 각각 불리는 명칭이 있다. 우리는 이것을 제품명 또는 상품명이라고 하는데, 때로는 상품을 더욱 돋보이게 하려고 상품명을 변경하기도 한다. 예를 들어 여름이면 유행했던 날개 없는 선풍기의 경우, 분명 제품명과 모델명이 존재하지만, 해당 제품을 등록할 때, '날개 없는 시원한 선풍기'로 상품명을 변경해서 등록하는 것이다. 이렇게 상품명을 상품의 특색에 맞게 다시 재구성해 소비자에게 다시 한번 어필할 수 있도록 하는 것이 이제는 마케팅의 한 방법으로 사용되고 있다. 문구 하나만으로 소비자에게 빠르고 신속하게 제품의 소구점을 전달하는 것이다.

고객에게 빠르고 정확하게 전달된 문구는 상세페이지로 이동할 수 있도록 도움을 준다. 인터넷 쇼핑몰에는 많은 상품이 있다. 그 중 나의 상품이 돋보이려면 광고에 노출되거나 상단에 노출되어야 하는데, 특별한 이슈가 있지 않은 이상 그러기가 쉽지 않다. 그렇다면 무엇으로 내 상품을 돋보이게 하겠는가?

시원한 넥풍기
상큼한 초간장 200g 1+1
오싹한 발풍기
특가 할인 제주도 감귤 1박스 1만 원

이렇게 고객이 상품을 보았을 때 직관적으로 어떤 제품인지 받아들일 수 있는 상품명으로 어필할 것을 추천한다.

리뷰와 판매 수량이 말해주는 팩트

소비자는 그 누구보다도 현명하다. 단 한 번이라도 전달받은 내용에 거짓 또는 과대, 과장의 내용이 들어있거나 확실치 않다면 소비자는 상품과 업체에 대해 의심하기 시작한다. 사실 그대로 전달하려면 전달자 역시 소비자라면 더욱 진실하게 다가갈 것이다. 그런 의미에서 후기를 이용해 진정성을 전달하는 방법만큼 소비자의 마음을 움직이는 것도 없을 것이다. 실제 같은 입장에서 상품을 사

〈리뷰와 판매 수량의 실제 사례〉

[출처 : 네이버, 쿠팡]

용해보고 직접 후기를 남겼기 때문에 더욱 신뢰가 갈 것이다. 여기에 리뷰와 함께 구매자의 수가 더해진다면 소비자는 재구매율까지 추측할 수 있어 제품의 영향력을 확인할 수 있는 계기가 될 것이다.

기본은 하는 계절 멘트와 톤

무엇이든 시즌에는 묻지도 말고 따지지도 말고 일정만 잡으면 항상 상타를 치는 제품이 있다. 그것을 우리는 시즌 제품이라고 한다. 대표적으로 선풍기, 온수매트, 제철 음식, 명절선물세트 등이 있다. 여름이 되기 전 오프라인에서는 이미 에어컨 구매 이벤트가 한창이다. 선풍기는 이미 알아서 잘 팔리기 때문에 서큘레이터와 같은 '휴대용', '캠핑용'처럼 다양하게 활용할 수 있는 제품이 더해진다면 매출을 높일 수 있다.

만약 당신의 제품이 계절과 상관이 없다면 계절과 엮는 센스를 발휘해보는 것을 추천한다. 예를 들어, 나는 육아 제품의 경우 슬라임을 판매하고 있는데, 슬라임은 사계절 내내 판매해도 좋은 제품이고, 재구매율이 높은 제품이다. 이럴 경우, 여름과 겨울 방학에는 집에서 아이들이 심심해할 것을 대비해 육아템으로 추천하는 것을 소구점으로 잡아서 판매했다. 그렇다면 봄과 가을은 어떨까? 여름과 겨울의 판매율을 데이터로 보여드리며 앵콜로 돌아왔다고 어필하는 것이다. 정확한 데이터와 함께 제안한다면 언제든지 판매할 수 있다.

어머니들의 앵콜 요청으로 다시 돌아왔습니다.
3차 1,000개 완판 신화!

사계절 판매에서 가장 재구매율이 높은 상품은 건강기능식품과 건강보조식품이다. 사람들의 식습관과 구매습관은 쉽게 변하지 않는다. 한번 사용해보고 제품이 마음에 들면 재구매하는 것이 기본이다. 그러므로 해당 카테고리에 첫 구매 시 할인율이나 이벤트를 적용한다면 당신의 고객은 충성 고객으로 발전할 가능성이 크다. 실제로 우리 회사는 건강기능식품과 건강보조식품의 판매율이 전체 상품의 카테고리 중 1위를 차지하고 있다. 그 정도로 소비자들의 재구매율을 올리기 위한 서비스 전략에 노력을 기울였다.

건강기능식품이라고 해서 매번 똑같은 멘트나 이미지를 사용한다면 소비자 또한 식상하다. 기획전이나 메인 상품 하나씩을 교차 사용해 진행하는 것을 추천한다. 예를 들어, 사계절 내내 섭취가 가능한 멀티비타민과 오메가3 같은 경우는 격월로 베스트 제품으로 추천해 재구매를 유도하는 것이다. 특히 가을이라는 계절 특성상 식욕이 높아지고 풍족한 음식들로 인해 비타민을 간과하기 십상이므로 이때, 비타민을 제안해 의도적으로 챙길 수 있도록 한다면 재치 있는 MD가 될 수 있다. 가을 환절기에는 밤낮 일교차가 커지고 인체 저항력이 떨어져서 몸도 추위에서 벗어나려고 변화하므로 하루가 다르게 떨어지는 기온에 맞서야 할 때 비타민으로 버티자는 뉘앙스로 추천한다.

워킹맘 MD의 관점에서 이벤트를 진행하는 가장 큰 이유는 진행하는 상품을 돋보이게 하기 위해서다. 해당 제품에 대한 입소문을 내고 소비자 반응 댓글, 리뷰, 구매자 현황 등을 빠르게 늘리기 위한 전략도 포함되어 있다. 물론 고객과 소통함으로써 신규 고객 또는 기존 고객을 충성 고객으로 전환하기 위한 목적도 있다. 시간이 걸리는 일 중 하나지만 횟수를 늘려감에 따라 상품 판매량과 재구매율 데이터를 통해 충성 고객의 인입이 늘어나는 성과를 확인할 수 있다.

TIP | 워킹맘의 이벤트 사례 꿀팁!

- 댓글 남기기 이벤트
- 첫 구매 후 리뷰 남기기 이벤트
- 입소문 내기 이벤트
- 좋아요 누르고 댓글 남기기 이벤트
- 구매 후 인증사진 남기기 이벤트

BeSt
Selle

3장

영업초보가 3개월 만에 1억 원 매출을 달성한 3가지 비밀

BeSt SelleR

그릿(GRIT)으로 거래처와 함께하라

백문이 불여일견

세상에서 가장 믿을 게 못 되는 것이 무엇이냐고 묻는다면 다들 한결같이 '사람'이라고 말할 것이다. 그런데 우리는 그 '사람' 때문에 살기도 하고 죽기도 하는 조금은 앞뒤가 안 맞는 현실 속에서 살고 있다.

요즘 유행하는 MBTI 유형에서 나는 ENFJ다. 무엇이든 사소한 말과 행동에도 민감하게 반응하고 감정이입을 하는 편이다. 표현하는 것에 대해 거침없고 타인의 정서, 욕구, 그리고 방향성에 대해서도 관심이 많은 편이다. 한마디로 온 세상 고민거리들을 다 가지고 사는 생각이 많은 사람 중 하나다. 나의 이런 성향은 업무를 할 때 거래처와의 관계에서 맺고 끊음이 필요한 순간에 가장 두드러지게 나타난다. 때로는 강점이 될 수도 있고, 때로는 약점이 될 수도 있는데, 이것을 잘 조절해주는 역할을 하는 분이 바로 대표님과 본부장님이다. 거래처에서 하는 말을 그대로 믿어버려서 좋을 때는 이득으로 돌아오고, 반면에 손해라는 안타까운 결과를 가져올 때도 있었다. 다양한 경험을 통해 어떻게 하면 서로 믿고 신뢰하며, 서로 원하는 결과를 가져오는 관계를 유지할 수 있을지 고민하게 되었다.

지금 나는 여러분에게 피해 갈 수 있는 돌다리 이야기를 하려고 한다. 나는 선택의 길이 있었지만, 충분히 내가 할 수 있다고 생각해서 선택한 길이었다. 그리고 그 결과를 겸허하게 받아들이고 내려놓기까지의 과정을 소개하려고 한다. 나에게 좋은 매출을 안겨주었지만, 어쩌면 겪지 않아도 될 일을 스스로 겪은 바보 같은 일이다. 항상 먼 숲을 보라는 이야기를 들었지만 나는 그러지 못했다. 순간의 매출이 너무 달콤했기 때문일까?

이 이야기는 내가 A상품을 맡게 되면서 시작된다. 거래처에서 제안이 들어오게 되어 MD 중 진행할 사람을 묻기에 나는 호기롭게 해보겠다고 손을 들었다. 자신 있었다. 그리고 그 당시 나는 다짐한 부분이 있었다. 상품을 따지지 말고 기획하고 판매해보자는 것이었다. MD 경험이 없던 나로서는 다양한 상품을 기획, 판매해보아야 한다고 생각했기 때문이다. 이전에 유사 카테고리 상품으로 좋은 매출을 올린 경험이 있었으므로 호기롭게 기획을 시작했고, 상세이미지 또한 바로 나왔다. 역시, 판매를 시작하자마자 매출은 바로 상타를 찍었다. 당시, 1~2일 사이에 일정 금액을 넘게 판매하면 상타였는데 그 금액에 바로 도달해버린 것이다. 그래서 바로 거래처 영업에 들어갔고, 순조롭게 진행되고 있었다.

그런데 문제가 있었다. 바로 제품 수급이었다. 우리가 물건을 조달받았던 곳은 유통 과정 중 한 도매 판매처였고, 원청에서 이것을 문제 삼은 것이었다. 결국, 우리는 판매 중간에 멈추어야 했고 발주 들어온 수량에 미출고가 발생했다. 출고 예정일에서 지연이 생기게 되면 해피콜을 진행해야 한다. 그리고 강성 CS 발생 시 이에 따른 대처 방안까지 기획해야 한다. CS 대상자는 고객이 될 수도 있고, 거래처가 될 수도 있다.

처음 해당 상품을 진행했을 때, 본부장님이 영업을 잠시 확대하지 말라고 한 적이 있었다. 나는 사태가 이렇게까지 커질지 몰랐기 때문에 추가 진행한다는 거래처에 가능하다는 피드백을 했다. 상부의 지시와 반대로 행동한 것이다.

'발주가 들어와도 소량이겠지. 설마 무슨 일이 생기겠어?'

이 안일한 생각 때문에 우리 회사는 정말 큰 손실을 겪어야 했다. 발주량도 많았지만, 제품 수급이 추가될 수 없었고, 본부장님은 해당 업체를 찾아가 따져야만 했다. 앞서 계약한 내용과 달랐기 때문이다. 결국, 직원들은 오프라인 가게에서 정가에 물건을 사서 고객에게 보내는 웃기고도 슬픈 현실을 맞이하게 되었다.

그냥 간단히 CS 발생자들에 대해 주문을 취소하면 되지 않냐고 생각할 수 있다. 그렇게 하면 우리 거래처들은 어떻게 될까? 그들의 골든타임에 해당 상품을 노출하며 매출을 발생시켰는데 전체 취소라니! 그 손실을 어떻게 보상해야 할까? 단순히 CS 메일 한 통으로 해결될 수는 없는 일이었다. 그리고 우리 회사 코어 밸류(Core Value, 핵심 가치) 중 하나인 '책임'과도 맞지 않았다.

〈우리 회사의 코어 밸류〉

[출처 : 저자 제공]

'백문(百聞)이 불여일견(不如一見)'이라는 말처럼 머리로 생각하는 것과 체험하고 난 뒤 느끼는 것은 정말 다르다. 나는 이때, 다시 한

번 느꼈다. 어른 말씀은 잘 들어야 하고, 경험을 통해 배워나간다는 말은 딱 맞다. 생각해보면 거래처에서 한 행동들은 처음부터 이상했다. 상품에 대한 최저가 이슈, 그리고 제품 옵션별 재고에 대한 정보 누락 등 다양한 시그널은 충분히 있었다. 느낌이 이상하다는 본부장님의 말씀도 있었건만, 초기 매출에 눈이 멀어 진행한 나의 잘못이 크다는 걸 다시 한번 경험을 통해 느꼈다.

'책임'이라는 단어를 들으면 어떤 마음이 드는가? 나는 상품 소싱을 할 때, 제일 먼저 책임지지 못할 상품은 소싱하지 않는다. 그 말은 해당 제품을 내 자식처럼 여기지 않을 거라면 처음부터 제품 문의를 하지 않는다는 것이다. 하나의 제품이 생산되기까지 수많은 자료 조사와 수많은 연구와 함께 인력과 자본이 투자되고, 그리고 시간까지 더해져 결국 하나의 제품이 만들어진다. 나는 소싱한 제품이 테스트 과정에서 판매나 반응 미비 때문에 통과되지 못해도 포기하지 않는다. 오히려 거래처에 해당 제품의 테스트를 의뢰할 정도로 강한 집념을 보인다. 때로는 이 과정 때문에 시간을 많이 소요하기도 하지만, 내가 할 수 있는 도리는 다하고 싶다. 그게 나의 역할이라고 생각한다. 그만큼 상품 소싱 과정에서 신중에 신중을 다 해야겠지만 말이다.

인품이나 다른 기준들이 존재하겠지만, 매출로 말하는 MD가 제조사로부터 인정을 받으려면 물론 상품의 발주 수량이 많아야 한다. 나는 상품을 많이 팔아본 경험이 있는 MD가 아니었다. 그리고 몸담고 있던 회사 또한 그렇게 이름이 알려진 회사가 아니었다. 무엇 하나 제대로 내세울 것 없는 나에게 거래처들은 상품을 하나씩 제안하기 시작했다. 그들은 무엇을 보고 나와 우리 회사에 상품을 믿고 맡기기 시작한 것일까?

문득, 초등학교 때 교훈이었던 요한복음 12장 24절이 생각난다.

"한 알의 밀알이 땅에 떨어져 죽지 아니하면 한 알 그대로이지만 그것이 죽으면 많은 열매를 맺는다."

거래처가 찾는 우선순위 MD 되기

진정성과 연출의 사이

'왜 나만 되는 일이 이렇게 없을까?' 정말 부정적인 생각과 언어는 사용하지 않으려고 했지만, 집으로 돌아가는 차 안에서 나는 무심코 한마디 던져버렸다. 매출 1순위를 달리고 있는 사수 MD와 나는 관리하고 판매하는 상품의 수가 거의 배 차이가 나게 내가 많았다. 그런데 매출은 사수 MD가 훨씬 높다. 이유가 뭘까? 나름 1년 이상 열심히 한다고 했는데 말이다. 매월 진행하는 AARP(After Action Review, After Action Plan) 시간이 되면 나는 또 스스로 다른 사람과 비교하기 시작한다. '열심히 했는데 결과가 왜 이렇지?' 하면서 말이다.

A상품과 B상품이 있다. 두 상품의 총매출은 100만 원이라고 가정해보자. A상품은 객단가(고객 1인당 평균 매입액)가 하나당 10만 원이고, B상품은 객단가가 1만 원이다. 만약 당신이라면 어떤 상품을 판매하고 싶겠는가?

A상품X100,000원=1,000,000원 ▶ 10개 판매 시 달성
B상품X10,000원=1,000,000원 ▶ 100개 판매 시 달성

좌절에 빠진 내게 본부장님은 이것을 예로 들며 설명해주셨다. 객단가가 높은 대박 상품을 소싱해 잘 판매한다면, 쉽게 매출을 올릴 수 있는 원리를 알려주셨는데, 즉 볼륨 상품을 판매하라는 뜻이자 주력 상품에 집중하라는 뜻이었다. 이 말을 듣고 나는 깨달았다. 나에게 무기가 필요하다는 것과 그 무기를 공급해줄 수 있는 상대는 바로 제조사라는 것을 말이다. 여기에서 필요한 무기는 단순히 객단가가 높은 제품을 뜻하는 것이 아니라 내가 없는 카테고리에 속한 부분에서의 필요한 제품이었다.

예를 들어, 명절 상품의 경우 현재 주력 제품으로 건강식품을 판매하고 있다면, 판매하고 있지 않은 뷰티 제품을 공급해줄 제조사가 필요한 것이다. 이때부터 나는 제조사들에게 내가 공급받을 수 있는 제품이 무엇인지 확인하기 시작했다. 기존 그들의 웹사이트에 올려놓은 제품 외 분명 나에게 제공할 수 있는 상품이 더 있을 것

같았다.

내가 직접 소싱한 제품들에 대해서는 온전히 제안받을 수 있었다. 그러나 항상 변수는 존재했다. 몇몇 상품들은 대표님 또는 본부장님을 통해 제안받기도 했다. 그럴 경우, MD들과 회의를 거쳐 희망하는 MD에게 우선순위를 주었고, 다수가 희망하면 그 어렵다는 우리만의 뽑기 방법을 통해 배정받을 수 있었다. 정말 내가 간절히 원하는 상품을 배정받을 수 없다면 너무 슬픈 일이다. 그 정도로 나는 상품 욕심이 있었다. 그렇다면, 처음부터 배정이 돼서 회사로 넘어오면 되지 않을까 하는 생각이 들었다. 내가 노력했음에도 이루어지지 않는다면 해당 제품은 나의 제품이 아니라고 생각하기로 마음먹고 말이다.

나는 이때 내게 고객은 세 부류로 나뉜다는 것을 깨달았다. 소비자와 거래처 또는 판매처, 그리고 제조사로 말이다. 이렇게 고객 정의를 통해 내가 필요로 하는 제품이나 서비스를 원할 때, 바로 누구에게 문의해야 하는지 알 수 있었다. 이 과정에서 정말 나는 다양한 제조사를 확보할 수 있었다. 내놓으라 하는 J사 화장품을 중국에 런칭시킨 K대표님에게 제품을 공급받게 되었다. 한 브랜드사의 립밤이었는데, 이 역시 대박 매출의 신화로 한 달 만에 상타 기준의 큰 매출을 내게 안겨준 기억에 남는 제품이었다.

이외에 지성과 인품을 겸비하신 P대표님도 함께할 수 있었다.

P대표님은 원래 우리 회사와 지속적인 거래가 있으셨다. 그런데 상품에 대해 문의하면 바로 찾아주시고, 또 다른 제품을 제안해주시는 등 큰 도움을 주시는 분으로 조력자 역할을 해주셨다. P대표님은 국내 유통 및 해외 유통까지도 문의드릴 수 있을 정도로 영향력이 있는 분으로 나는 정말 천군만마를 얻은 기분이었다.

그렇다면 나는 어떻게 이들에게 지속해서 상품을 받을 수 있게 되었을까? 지금부터 사소하고도 지극히 평범한 내용을 말해보고자 한다. 우리가 좋아하는 나이키, 아디다스, 삼성, 코카콜라 등 대부분의 브랜드는 계획적이고 의도적으로 브랜딩과 마케팅을 통해 만들어졌다는 사실은 이미 널리 알려져 있다. 나 또한 내 거래처에서 '이현주 MD는 ○○○사람이다'라고 생각할 수 있도록 나의 진정성과 연출을 더했다.

"○○회사의 A MD는 늘 친절해."
"○○회사의 A MD는 자기관리를 잘하는 사람이야."
"○○회사의 A MD는 무엇이든 해보려고 해서 일단 맡기고 싶어."
"○○회사의 A MD는 상품을 가리지 않아."
"○○회사의 A MD는 숨기지 않아."

거래처에 좋은 상품을 제안받기 위해서는 먼저 우리 회사가 신뢰를 줄 만한 회사인지가 중요했다. 결제 대금일을 맞추는지, 그리고 부서별 담당자들이 소통이 원활한지, 담당자와 전화 연결 시 원활하고, 요청 사항들이 누락되지는 않는지 등, 회사의 이미지가 중요해 보였다. 내부 직원들에게는 미안함이 컸으나 초기에 잘만 응대한다면 정말 진정성 가득한 회사로 비칠 수 있다고 생각했다. 그리고 실제로 우리는 진정성 가득한, 젊음과 패기가 넘치는 사람들로 뭉쳐져 있기도 했다.

때로는 밤 10시, 일요일 오후 7시에 제조사로부터 전화가 와서 요구사항과 수정사항이 있었다. '이렇게까지 해서 일해야 하나'라는 생각이 당연히 들었다. 하지만, 목표를 달성해야 한다는 의지가 더 컸으므로, 그리고 내가 플랜으로 삼은 방법의 하나이므로 즐기기로 마음먹고 했다.

우리 회사에 80~100점을 주었다면 이제 나에게 돌아오는 점수를 많이 받을 차례였다. 남에게 좋게 보이기 위해 수단과 방법을 가리지 않고 아첨을 떠는 사람을 주변에서 흔히 볼 수 있다. 이러한 사람들은 속내를 뻔히 드러내기 때문에 원하는 결과를 쉽고 빠르게 얻을 수 있으나 결국은 장기적인 관계를 유지하기 어려운 경우가 많다. 이미 여러 경영 그리고 어떠한 프로젝트를 담당해본 분들은 더 잘 알 것이다. 사회는 냉정하다. 나에게 도움이 되는 파트너와 함께 간다. 아무리 착하고 성실해도 사회는 결과로 평가한다.

다만 예외가 있다면, 당장은 결과가 나오지 않더라도 상대방에게서 가능성이 보이거나 태도에 대한 큰 인상을 심어준다면 좋다. 여기서 말하는 태도는 매일 똑같은 루틴, 변하지 않는 성실함과 근면성 등 무엇을 얻기 위해 꾸며진 모습이 아닌 사람 본연의 모습이 나타나는 태도다. 나는 실제 역량과 성과를 높이기 위해 매일 루틴처럼 반복하면서 빠뜨리지 않은 것이 있다. 주기적으로 키맨들과 소통하는 것이다. 상대방이 나에게 답변하든 하지 않든 말이다. 그리고 이 과정에서 키맨이 찾는 제품이 있을 때, 동일 상품, 또는 유사 상품을 찾는 일에 적극적으로 나서 도와드렸다. 그 상품이 나에게로 올 수도 있기 때문이다.

자신의 목표를 달성하기 위해 노력하고, 그 행동이 두드러지게 보였다면 그건 연출이 아니라 본연의 모습으로 노력했다는 것을 증명한 것으로 생각한다. 원래 그런 사람이라고 생각하게 된다. 결과로는 내가 단칼에 보여줄 수는 없을 거라고 생각했다. 그렇다면 나의 강한 무기, 임팩트는 무엇일까 했을 때, 변하지 않는 내 모습과 함께 상품에 대한 집착이었다. 그리고 그 결과로 지금까지 30여 개 이상의 제조사와 함께하고 있다. 그리고 그 제조사들은 우리 회사의 상품을 공급하는 제조사일 뿐 아니라 제품을 판매해주는 판매사로 전환되어 함께하고 있다. 내가 전면에 내세울 강한 한 방은 변하지 않는 성실함과 그 속에 존재하는 갑과 을을 만들지 않는 섬김이었다.

차별화의 시작은 기획이다

주변에 답이 있다

금방 끝날 것 같던 코로나19가 벌써 몇 년째인가. 다음 달이면 좋아지겠지 하다가 벌써 1년이 지났고, 또 내년이면 끝나겠지 하다가 어느 새 3년에 접어들었다. 그사이 사랑하는 딸이 먼저 코로나에 걸리고 말았다. 6살이 된 후로 더욱 성장하는 딸의 속도에 맞추는 일이 쉽지 않았다. 어떤 말에도 “네”로 대답하던 딸은 이제 그래야 하는 이유를 설명하라고 했고, 사소하면 사소하기도 한 이유부터 다양한 이유를 대며 엄마와 함께하고 싶다고 말하며 보채는 시간이 많아졌다. 엎친 데 덮친 격으로 회사 매출 또한 상승 곡선에서 코로나19의 장기화로 인해 변화가 필요해 보였다.

본부장님은 공과 사를 구별하자고 슬쩍 시그널을 보내기도 하셨다. 나는 당장이라도 육아휴직을 쓰고 싶은 마음이었다. 나 또한 쉼 없이 달려왔던 것 같다. 이런 생각들이 내 마음과 머리를 가득 채워서인지 이상하게도 기획서 작성이 어려워지기 시작했다. 같은 카테고리의 상품들은 홍수처럼 넘쳐흘렀다. 그리고 대형 회사의 제품들이 폐쇄몰까지 직접 들어오고 있었다. '내가 설 자리가 있는 걸까? 아니, 우리에게 제품 판매의 기회가 오기는 하는 걸까?' 온갖 부정적인 생각들로만 가득했다. 이때 문득 다시 생각하게 되었다. 늘 안될 것 같으면 나 혼자 중얼거리는 말이 있었다.

돈이 되는 상품을 팔자.
상품이 팔리게 하는 방법! 차별화를 만들자.
'이건 여기서 사야 해!' 하고 마음먹게 만드는 기획을 하고 문구를 쓰자.

다시 한번 "이 MD 진짜 기발하다!"라는 소리를 듣고 싶었다. 제안서, 기획서 작성부터 다시 집중하기 시작했다. 언제부터인가 내부 고객의 눈치를 보고 있었던 것 같다. 발주팀에서는 발주서 취합 시 옵션명을 길게 하거나 혼선을 주게 설정할 때 오배송이 발생될 수 있으므로 최대한 간결하게 설정하라고 요청했다.

상품명과 옵션 명으로 인해 고객뿐 아니라 거래처도 혼란이 있

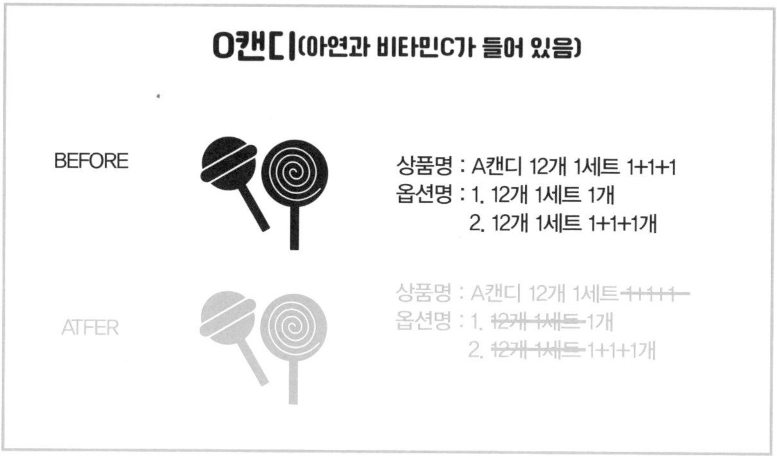

〈내부 고객의 요청으로 O캔디 상품명, 옵션명을 변경한 사례〉

[출처 : 저자 작성]

을 수 있겠으나, 이를 방지하기 위해 상세페이지 하단 부분에 옵션 이미지를 필수로 제작했다. 상세페이지 안에는 제품의 설명뿐 아니라 옵션에 대한 설명, 구성품, 그리고 상품정보고시가 기재되어 있으므로 혹시 모를 CS를 충분히 대비할 수 있을 것으로 생각했다. 그리고 내부 고객(직원)의 경우 내부 교육을 통해 커버할 수 있을 것으로 생각했다. 그래도 CS가 발생한다면 이 부분에 대한 CS는 감수하고서라도 고객을 사로잡아야 한다는 생각은 강력했다. 매출을 올려야 한다는 목표가 명확했기 때문이다.

실제로 매출은 상품명과 옵션명의 변경 전과 후를 보면 미세하더라도 조금의 차이를 느낄 수 있었다. 물론 '상품이 깡패다'라는 말처럼, 되는 상품은 무엇을 해도 되고, 안되는 상품은 아무리 해도 안된다고 하지만, 그래도 MD라면 해당 제품이 어떠한 반응을 얻고 시장에 나왔는데 전환이 그 기대에 미치지 못할 경우, 분석했을 때 이유 중 하나를 알 수 있지 않겠는가.

고객은 초 단위로 사로잡아야 한다. 내 상품에 고객의 시선을 머무르게 하고 바로 지갑이든 클릭이든 주저 없이 구매 행동으로 이어져 결제까지 이르게 해야 한다. 그 행동을 하게 하려면 타제품과는 다르게, 타사와는 다른 기획으로 승부수를 두어야 한다고 생각했다. 남들과 똑같이 편하게 가는 길은 똑같은 결과를 가져오리라고 생각했다. 앞에 '지갑을 여는 언어의 비밀' 편에서 언급했듯이 숫자는 어디에서든 불확실성을 줄여주기 때문에 숫자를 포함한 이미지는 소비자의 뇌와 눈을 사로잡는다. 상품명에 확실한 숫자만큼이나 고객에게 혜택을 주고 있다고 느끼게 하는 것이 또 있을까!

나는 결국, 내부 고객의 편에 서야 했다. 여러분의 선택은 어떨지 모르겠으나 무엇이 맞다, 아니다는 중요하지 않다고 생각한다. 오배송을 줄임으로써 불필요한 지출을 줄일 수 있는 것 또한 하나의 방법이라고 한다면, 그리고 그것이 회사의 방침이라면 따르는 것이 나의 일이었다.

나만의 상세페이지 기획 패턴

TV 또는 광고에 나오는 운동화 또는 스포츠웨어 제품을 보면 해당 제품이 어느 회사의 제품인지 단번에 알 수 있다. 예를 들어 나이키의 경우 어디서든 알 수 있는 문구인 'Just Do It'을 사용한다. 이렇듯 나도 누가 보아도 '해당 상세페이지는 어느 회사의 어떤 MD가 기획했을 거야!'라는 느낌을 주고 싶었다. 그리고 무엇보다도 팔리는 상세페이지를 기획하고 싶었다.

카카오스토리를 운영하는 MD로서 어떤 이미지 4장이 상품을 팔리게 할까?

벤더링을 담당하는 MD로서 SNS 플랫폼에 맞는 상세페이지 기획을 어떻게 하면 더 어필할 수 있을까?

앱, 웹, 다양한 사이즈와 버전 등이 존재하는 판매처에 어떤 이미지를 섬네일로 제공해야 할까?

이 3가지가 내가 기획할 때 가장 큰 과제였다. 한마디로, 4장의 이미지 안에서 소비자, 판매처(거래처), 그리고 내부 고객까지, 그들 모두의 만족을 끌어내야 했다.

한 번의 촬영과 기획으로 전체의 니즈를 만족하려면 상품의 특징에 맞게 필수 이미지를 개인적인 기준으로 정했다. 예를 들어 식품의 경우 확대 컷이 필수였다. 젓가락을 들고 있어 해당 식품을 확

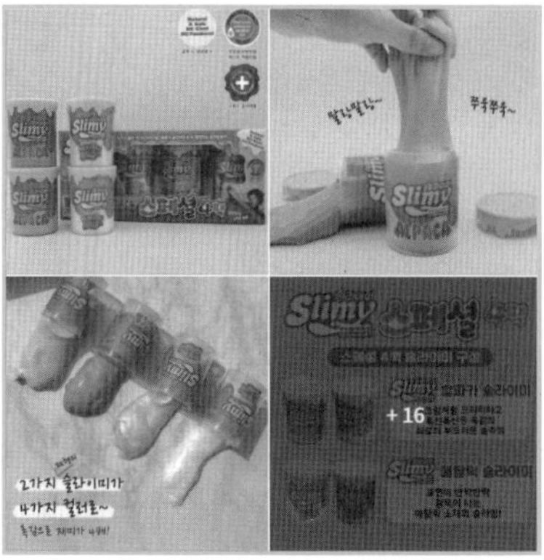

〈스페셜 슬라이미 4팩〉

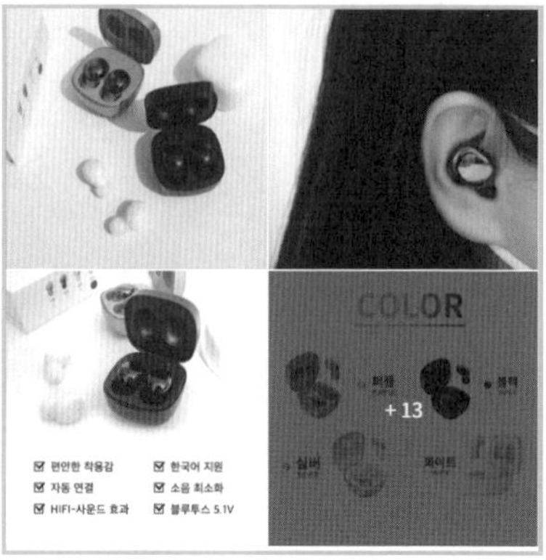

〈무선 이어폰 블루투스〉

[출처 : 저자 제공]

대해 찍는 컷 말이다. 좌측 사진의 스페셜 슬라이미 4팩은 정말 나에게는 효자 상품 중 하나다. 2022년 신규 상품으로 첫 출시되어 제조사에서 우리 회사에 독점으로 판매권을 허락한 제품이다. 그만큼 양사의 신뢰가 두터워진 것에 너무 감사하다.

제품의 특징은 1번 컷에 살리고 어떤 제품인지 확실하게 인지시키는 것이 나의 목표였다. 그것이 상세페이지 1번 컷의 비밀이었다. 2번 컷의 경우, SNS에서도 사용할 수 있는 문구 없는 컷을 촬영하거나 실제 사용 컷 위주로 촬영을 요청했다. 이것은 고객들에게 실제 사용 시 또는 제품이 실제로는 이렇다고 거짓 없이 보여주는 진실의 이미지였다. 종종 물건을 주문하면 큰 박스에 정작 상품은 조그만 경우가 있다. 물론 상품정보고시에서 사이즈를 확인하고 주문했지만, 왠지 모를 속상함이 클 때가 있다. 이것을 방지하기 위해 나는 필수로 실제 착용컷 등을 넣는다. 그다음 장은 정말 내가 가장 심혈을 기울이는 컷이다. 3번 컷의 비밀! '해당 제품은 이것만 알면 된다' 또는 이 제품을 '당신이 반드시 사야 하는 이유'에 대해 녹이는 컷이다. 여기에서 고객을 설득하지 못한다면 고객 설득에 실패했다고 생각한다. 고객이 한 페이지에 5초 이상 머무를 수 있을까?

다음 장에서 더 자세하게 기획 차별화에 대해 말해보도록 하겠다.

상품의 가치 불어넣기

본질에 충실하기

스티브 잡스(Steve Jobs)는 "좋은 아이디어를 얼마나 많이 버릴 수 있는지가 중요하다"고 했다. MD 업무를 하면서 업무 경험이 늘어나는 동시에 내부 고객의 CS 또한 늘어났다. 앞에서 언급했듯이 제품이 늘어남과 동시에 관리해야 하는 제품이 늘어났고, 이에 따라 상품에 대한 학습도 필요해졌다. 그러나 늘어나는 업무량만큼 매출 또한 기대치의 결과를 가져오지는 못했다. 그래도 나는 '이렇게 해서 이 매출을 유지하는데 이렇게 하지 않는다면 어떻게 되겠어!', '상품을 줄이고 핵심 상품, 볼륨 상품만 진행한다고 가정할 경우, 나를 믿고 상품을 준 거래처들은 어떻게 되겠어?'라는 생각만큼은 명확했다.

모두가 그러했다. 정말이지 코로나 팬데믹으로 인해 소비패턴도 정부 정책에 따라 수시로 변했다. 거래처의 키맨이라고 생각했던 MD들도 소리 없이 퇴사하고 있었다. 뿐만 아니라 거래처 또한 폐업하거나 휴업한다며 메일을 보내오는 경우가 매주 생겨났다. 심지어 한 대형 거래처는 총수가 갑작스럽게 사망해 폐업한다는 메일을 보내왔는데, 이 일은 나에게 큰 충격을 안겨주었다. 믿었던 큰 거래처였다. 총수의 사망이 폐업으로 이어진다면 일하던 직원들은 순식간에 바닥에 나앉게 되는 것이 아닌가. 대책이 하나도 없다는 뜻일까? 이런 상황에서 나는 달라져야만 생존할 수 있겠다고 생각했다. 나 자신이 무너져 내리거나 아니면 긴 터널에서 빠져나오거나 말이다.

내부 직원의 고충을 줄이면서 매출을 늘리는 방법은 상품을 단일화하는 것이었다. 상품을 단일화함으로써 거래처의 상품을 계속해서 판매할 수 있고, 조금 더 시너지 효과를 얻을 수 있을 것으로 생각했다. 예를 들면, 메인 옵션에 상품을 끼워 넣어 추가 옵션으로 판매하는 것이다. 한 번만 노출될 상품이 여러 번 노출되어 어느 곳에서도 판매될 수 있는 전략 말이다. 상품의 강점과 회사의 강점이 함께 더해진다면 좋은 시너지가 되고, 달콤한 결과를 가져올 것이라고 확신하고 매출이 약했던 상품들과 카테고리가 유사한 상품들을 분류해나갔다.

제일 먼저, 어디에 팔 것인지를 정했다. 나의 메인 고객이 누구인지 확실히 하는 것이다. 가장 큰 시장은 어디고, 그곳에서는 어떤 제품군이 핵심으로 판매되었으며, 현재는 어떤 상품이 주력을 이루는지 분석하기 시작했다. 고객을 만족했던 10개의 상품이 있다면 그중 절반으로 줄여서 핵심적으로 판매하려고 노력했다. 그것이 바로 본부장님이 이전부터 내게 요청했던 부분이라는 걸 이제야 깨달았다. 정말 일개미처럼 일만 했는데, 여왕개미가 되는 방법은 이전과는 다른 방법으로 일하고 효율을 높이는 것에 있었다.

코로나로 인해 이동이 적다고 해서 소비가 준 것은 아니다. 명절이 되면 오히려 찾아뵙지 못하는 부모님을 위해 더 효도할 제품을 찾는 자녀들의 심리를 생각했다. 그때 당시, 우리는 자사 제품이 있었다. 명절 시즌 제품으로 선물용으로 특별히 기획한 제품이었다. 이미 TV뿐만 아니라 오프라인에서도 유명한 한의원 원장님과 대형 업체와의 협업을 바탕으로 침향녹용단과 녹용홍삼스틱을 만들게 되었다.

두 가지 상품을 각각 판매할 때는 침향녹용단 제품의 판매율이 월등히 높았다. 당시 나는 녹용홍삼스틱을 담당하고 있었다. 가격대, 최저가 등이 안전하게 받쳐주어도 고객의 니즈는 침향녹용단에 집중되어 있었다. 나는 이것을 보완하기 위해 기업용으로 판매를 확대했으나 결과는 비교할 수 없을 만큼 차이가 있었다. 그러나 이번을 기회 삼아 두 제품을 하나로 묶어 판매할 수 있게 되었다. 이

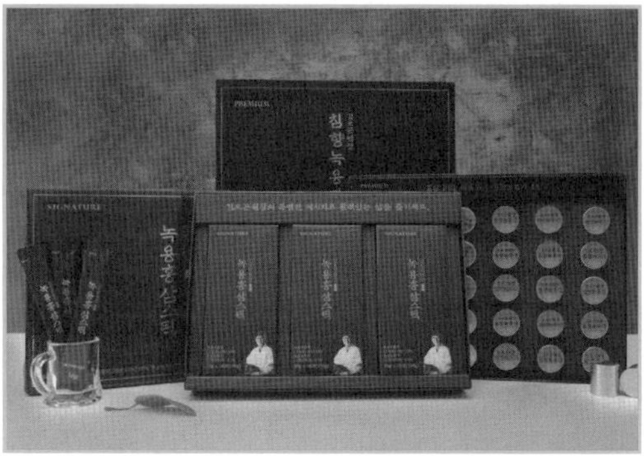

〈자사 PB 제품〉 [출처 : 저자 제공]

일을 계기로 돈 되는 일을 하자고 다시 한번 마음을 다잡았다. 그리고 나도 모르는 사이에 제품이 언제, 어디에서 터질지 모른다는 것을 느끼게 되었다. 이미 포화 상태였던 명절 상품이자 대형 브랜드 제품이 아닌 중소기업 제품, 안될 것 같던 상품이 라이브 방송에서 연예인의 진행으로 단 하루 만에 몇천만 원의 매출을 달성한 것이다. 이렇게 다양한 상품을 하나의 상품 패키지로 기획해보는 것 또한 하나의 기획이다.

가성비 vs 갓성비 vs 가심비

매월 기획미팅을 진행하는데, 여기에는 디자이너, MD, 그리고 본부장님이 참석한다. 이때 트렌드와 획기적인 상품에 대해 공유한다. 그리고 서로의 업무에 대해 고충을 털어놓고 보완해야 할 점을 나눈다. 초창기 우리의 미션은 소비자에게 정확한 정보를 전달해 가장 합리적인 가격에 제품을 구매할 수 있다는 것을 강조하는 것이었다. 하지만 시대는 계속 변하고 있었다. 이제는 고객에게 어떤 정보나 합리적인 가격을 제공하는 것보다도 어떤 감동을 주었는지가 더 중요시되는 시대로 변했다. 사진 한 장을 제시해도 이건 반드시 사야 한다고 느끼게 하는 컷, 어떠한 문구 없이 어필하는 사진이 섬네일로 그 자리를 바꾸기 시작했다. 즉, 문구 없는 이미지를 1번 컷으로 선호했다. 그리고 GIF, MP4 등의 파일을 섬네일로 사용하기 시작했다. 단 2~3초 안에 고객의 마음을 사로잡게 만드는 것이다. '움직이는 짤' 같은 것으로 말이다.

'간결하게, 핵심만, 그리고 필요한 정보를 알기 쉽게 전달하자!' 이렇게 생각하고 상세이미지를 기획한다면 당신은 IT업체의 회사원이나 공무원으로 근무할 경우에는 에이스가 될 것이다. 그러나 상품을 판매하기로 마음먹었다면 상대방이 공감하는 문구를 사용해야 한다.

매일 빠지는 머리로 고민이라면 꼭 보세요.
남편이 매일 귀찮게 해요.
내 입에서 향기 나는 비결은 이거예요!
데이트 전에는 이거거든!
우리 집에만 없는 육아템

〈아이누리 배도라지차〉

〈묘미담 흑마늘정과〉

[출처 : 저자 제공]

고객은 무엇이든 저렴하고 필요한 것만 구매하는 것이 아니다. 살 때는 가격을 보며 어느 것이 더 저렴한지 따져보지만, 실제로 쓸 때는 가치를 알아보고 쓴다는 사실을 기억하자.

나를 낮추고 고객을 높여라

소심의 끝을 달려본 적이 있는가? 이런 표현 자체가 너무 웃기지만, 언제부터인지 나는 감정이 너무 풍부해졌다. 아마 아이를 낳고 나서부터가 아닐까? 지독했던 산후우울증. 아이가 울어도 쳐다만 보고 달래주지도 않았던 그 짧고도 긴 시간, 그 터널 같은 시간 속에서 나 혼자 갇혀버린 것만 같았던, 그런 때가 나에게도 있었다. 내가 유난히 생각이 많은 편이기도 하지만 나는 상대방의 제스처, 텍스트, 사소한 행동까지도 관찰하는 아주 까탈스러운 사람 중 하나기도 하다. 사람들은 그렇게 피곤하게 어떻게 사냐고 하는데, 나는 이렇게 살아도 크게 피곤함을 모르겠다. 그냥 신경이 쓰이는 대로 살다 보니 그게 내가 되어버렸다.

그래서일까? 누군가를 가르치며 살아오던 업무와는 다른 업무인, 내가 가지고 있는 상품을 누군가에게 판매해야 하는 영업직이 나에게 맞는 옷인지 생각해보게 되었다. 다른 사람들은 웃고 있는 나를 보며 이 일이 정말 잘 어울린다고 말했지만, 내면의 나는 스스로에게 고생한다고 토닥이고 있었다. 온종일 생각한 적이 있다. MD라는 일을 하면서 무엇이 나를 그렇게 힘들게 하는지 말이다. 그것은 바로 '거절'이었다.

이전 회사 그리고 그동안의 사회 경험을 돌아보면 무엇을 설득하거나 권유하는 직업군에 속한 적이 없다. 한마디로 영업직은 아니었다. 생산, 기획, 서비스직에는 종사했으나 이렇게 몸으로 와닿는 영업은 처음이었다. 그러다 보니 상대방에게서 직접 듣는 '거절'은 나에게 큰 상처로 다가왔다. A업체는 거절을 표현할 때 젠틀하게 말해준다. "조금 더 검토 후 피드백 드리겠습니다." B업체는 조금은 날카롭다. "제안서 부탁드려요." 그 후 대답이 없다. 그나마 이 두 업체는 양반에 속한다. C업체는 다소 귀찮게 느껴진 듯하다. "제가 확인 후 요청할게요." 이럴 때 나는 그들의 카카오톡 프로필의 사진을 살펴본다. 때로는 아무런 사진이 없을 때도 있다. 또 어떨 때는 나를 기준으로 보았을 때 젊은 친구의 사진일 때도 있다. 그러면 나의 분노 게이지는 멈출 줄 모르고 상승한다. 공은 공이고, 사는 사인데 나는 프로가 되려면 멀었나 보다. 아니면 꼰대인 걸까? '나보다 어린 녀석들이 말투하고는!' 이러고 나 스스로를 달래며 카카오톡 단톡방을 닫곤 했다.

이런 부정적인 생각과 태도로 계속해서 영업하다 보니 더는 힘도 나지 않을 뿐더러 결과도 좋아지지 않았다. 매일 똑같은 루틴으로 업무를 진행하고, 최선을 다했다고 생각했지만, 좀처럼 매출에 변화가 일어나지 않았다. 도대체 무엇이 문제일까? 나의 부정적인 생각? 아니면 내 꼰대 마인드? 생각해보라. 나의 카카오톡 프로필에는 사랑하는 딸과 함께 찍은 사진이 있었다. 그 사진으로 극존칭을 사용하며 상품을 설명하는데 말을 뚝 끊으며 알겠다고 검토하겠다고 말하고는 대답이 없는 상대방. 이것은 남을 배려하는 태도인가? 아무리 서로 친밀한 사이가 아니라고 하더라도 나는 그 순간 너무 비참했다. 지나갔다고 생각했던 산후우울증이 다시 올 것 같은 무서운 느낌, 이것은 진심이었다.

그런데 어느 날, 갑자기 여러 명 아이와 함께 찍은 프로필 사진의 남자 거래처 대표님이 내게 말을 거셨다. 상품 제안 요청을 하시면서 말이다. 순간 나는 깨달았다. 내가 얼마나 큰 잘못된 생각을 하며 업무에 임하고 있었는지 말이다. '저렇게 높은 분도 내게 극존칭을 사용하며 상품 제안을 요청하시는데 내가 뭐라고 그렇게 생각했을까!'

그 순간 이후부터 나는 변하기 시작했다. 거래처에 웃는 이모티콘과 함께 더욱 열정과 정성을 다해 상품을 소개하고 다녔다. 다음 날 똑같이 인사했다. 그렇게 하루이틀 지나니 거래처들과도 라포가 생기기 시작했다. 그러다 보니 나 혼자만의 착각 속 절망의 늪에 빠져 있었다는 것을 깨달았다. 그들은 내가 아이 엄마인지 아닌지는 물론, 나의 나이 따위는 전혀 관심이 없었다. 온전히 자기 업무에 집중하느라 정신이 없었고, 내가 제안한 상품이 그들의 채널 또는 플랫폼과 맞지 않아서일 뿐이었다.

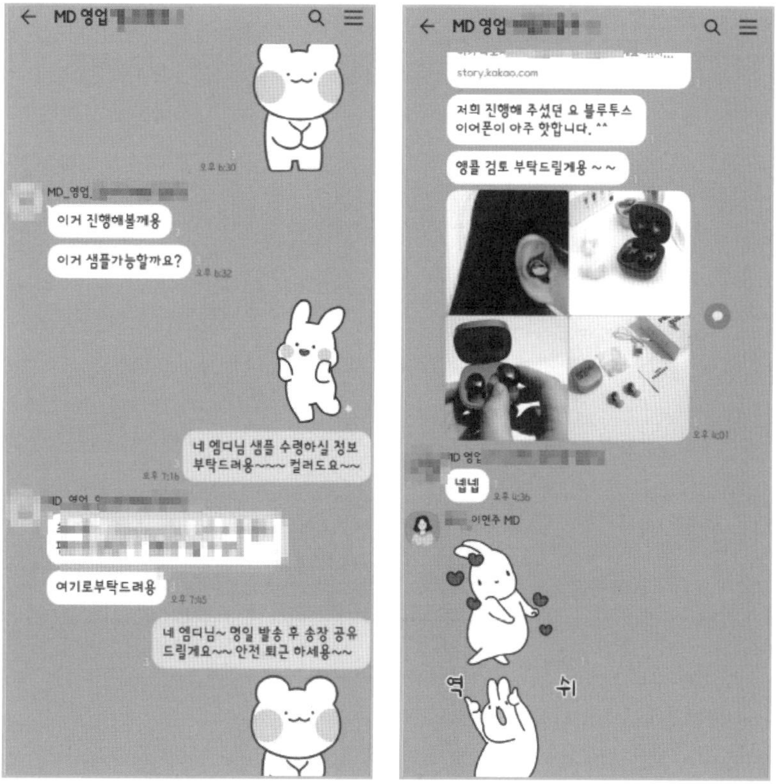

〈제품 영업 사례〉

[출처 : 저자 제공]

아무리 상품 기획을 잘하고 제안서의 옵션을 매력적으로 설정해도, 성사되지 않는 경우가 있다면 이유가 있을 것이다. 그럴 때는 너무 내 기준에서만 생각했거나, 혹은 나의 기준만 고수한 것은 아닌지 되돌아볼 필요가 있다. 내 감각과 기준이 아닌 상대가 만족하도록 채워주는 노력을 할 필요가 있다. 나는 자격지심에 빠져 내 기준에만 선을 그어놓고 벽과 대화하고 있었던 것 같다.

"해본 사람만이 알 수 있다. 그리고 대중을 만족시키려 하기 전에 내 감각부터 키워라."

TIP | 워킹맘이 사용하던 영업 문구 꿀팁!

- 어머 이건 사야 해! 이거 무조건 해보세요!
- 안녕하세요! 내일이면 요거 금방 예약 마감됩니다.
- 이 아이! 어디 가서 못 찾아요! 지금 빠르게, 제일 먼저 제안드려요!
- 샘플은 항상 열려 있습니다~!

까다로운 고객이 충성 고객이다

완판의 비밀

시끄럽게 울리는 전화벨 소리로 아침부터 회사는 분주하다. 무슨 일인지 A고객이 계속해서 MD를 찾는 전화라며 나와 통화를 원한다고 한다. 오전부터 이어진 회의와 사이사이 갑작스럽게 울리는 거래처의 전화와 메일, 서류 확인 요청이 있다 보니 정작 오전부터 전화를 요청하던 고객에게 연락하지 못했다. 'CS팀에서는 오후 1시가 되기 전에 통화를 희망한다고 했는데….' 점심시간을 포함해 전화를 여러 차례 해도 고객과는 전화가 닿지 않았다. 그렇게 하루가 지났고, 고객은 또 내가 회의에 참여했을 때 메모를 남기고 전화를 끊었다. 이제는 CS팀 직원마저 나에게 원망을 늘어놓을 작정인 것 같다. '아무래도 강성 고객 같은데….'

내부 직원이 목소리를 들어보니 고객은 이미 화가 잔뜩 나 있는 것 같았다고 한다. 나는 심호흡을 하고 바로 고객에게 전화를 걸었다. 고객의 니즈는 간단했다. 전화 통화를 할 수 있는 시간이 정해져 있었고, 상품을 빠르게 공급받고 싶었다. 담당자인 나와 직접 통화하고 싶었는데 연락이 닿지 않아 답답했던 것뿐이었고, 사투리를 사용해서 조금 오해의 소지가 있었던 것으로 확인됐다.

'비정상', '까칠함', '유별남', '상대하기 어려운', '피하고 싶은', 해당 단어와 문구에 대해서 어떻게 생각하는가? 나는 스물네 살부터 사회생활을 시작했고, 그동안 다양한 직종을 경험해보았다. 매장 판매원, 통역과 번역 아르바이트, 사무직, 생산직 보조업무, 학원 강사, 출판사 교재 연구원 등 너무나도 다양한 일들을 경험했다. 그때마다 정말 신기할 만큼의 다양한 사람들을 만나보았지만 지금 하는 업무에서도 매번 새로운 사람들을 접하게 된다. 그때마다 느끼는 것은, 사람이 유별나고 까칠할수록, 내가 배울 점이 더 많다는 것이다. 여기에서 유별나고 까칠함은 괴팍함이나 소리 지르고 괴짜 같은 것을 말하는 것이 아니다. 남들과는 다른 패턴의 업무 처리 방식, 또는 다른 사고방식으로 일 처리를 하는 것을 말한다.

앞서 내가 언급했던 A고객의 경우, 실제로 상품을 구매할 때마다 매번 낱개 단위가 아닌 카톤(박스의 단위) 단위로 구매한다. 나는 해당 고객이 나를 찾을 때마다 정말 사막에서 오아시스를 만난 기분이다. 내부 직원에게 첫인상이 어땠을지는 모르지만, 만약 내가 그 의견만 듣고 상품을 공급하지 않았다면 나는 큰 매출과 소중한 인연을 놓쳤을 것이다. 나는 이때 또 깨달았다. 내가 직접 경험하지 않고서 쉽게 남을 평가하지 말자고 말이다.

나는 늘 그랬던 것 같다. 회사 안에서 누군가가 나를 지적하거나 꾸지람할 때 그것이 나에게는 동기부여가 되어 더 열심히 하려고 노력했다. 한번은 카카오톡을 통해 거래처에 상품을 제안하는데 한 MD가 최저가 부분에 대해 질문했다. 그 후, 다른 거래처 직원이 웃는 이모티콘을 보냈고 뭔지 모를 정적이 흘렀다. 바보가 아니면 그 분위기를 유추할 수 있을 것이다.

'아, 내가 제안할 때 최저가가 떨어졌던 것을 이유 삼아서 저렇게 이야기하는 걸까?'

나 자신에게 되묻기 시작했다. 마치 내 실수를 거래처가 미리 인지할 수 있도록 알려주는 것처럼 말이다. 또 나의 오기가 작동하기 시작했다. 다음부터는 제안할 때 해당 이슈가 없다는 것을 미리 알려주며 영업을 해야겠다고 말이다. 그래서 해당 업체에 제안할 때, 나의 영업멘트는 한동안 고정되었다.

"안녕하세요. 우주 최저가로 데려왔습니다."

덕분에 해당 업체에서의 발주가 터졌다. 우리는 매출이 높게 나올 때 '터졌다'라는 표현을 쓴다. 정말 힘들다면 힘들게 진행했던 거래처 중 하나였다. 해당 업체는 업무시간이 우리 회사와는 달랐는지 궁금하거나 확인이 필요할 때면 토요일이든 공휴일이든 상관없이 언제든지 내게 전화했다. 나는 생각했다. '내가 이 업체만 만족시킬 수 있다면, 그리고 이 업체에서 터지는 상품을 만든다면, 어디서 무얼 팔아도 겁나지 않겠다.'

그런데 이게 웬일인가! 말하기가 무섭게 정말 단독 진행 건을 제안하자마자 좋은 결과가 나왔다. 일주일도 안 되어 완판 신화가 이루어졌다. 상품의 재고가 없어서 못 팔다니! 너무나도 감사했다. 하나부터 열까지 무엇이든 다 긍정적으로 받아들일 수 있었다. 본부장님이 우스갯소리로 하시던 말씀이 있었다.

"난 괜찮아, 매출이 좋잖아."

드디어 이해했다. 그렇다. 까다로운 고객은 그 이유가 있는 것이다. 그만큼 더 확실하게 알고 짚고 넘어가고 싶은 것이다. 자신이 상품에 대해 확신이 있을 때 제품을 판매하고 싶은 의지와 마음가짐이 생기는 것이다. 정말 상품을 소싱하고 판매하는 MD로 회사에 들어왔는데 인생을 배우고 있는 기분이다. 사람들이 살아가는 스토리, 그리고 그들만의 성공 노하우를 옆에서 배우고 있으니 얼마나 행복한가!

누군가가 당신에게 유별나게 군다면, 가서 고맙다고 꼭 전하길 바란다. 관심이 없다면, 그리고 당신이 그 사람 눈에 들어오지 않는다면 말조차 걸지 않을 것이다. 그리고 더 나아가 시선조차 주지도 않을 것이다. 당신을 유난히 힘들게 하고 지치게 하는 고객이 있다면, 그 고객으로 인해 발전해 있을 당신을 생각해보라. 그 고객에게 만족할 만한 서비스를 제공하기 위해 노력하고 발전해 있을 '나'를 보면 오히려 그 고객에게 강의비를 줘야 할 수도 있을 것이다.

너무나도 감사한 일들이 줄줄이 일어나는 비결이 있다면 당신의 까칠한 고객이 충성 고객으로 전환되는 순간이 그 비결이고, 당신에게 또 다른 고객들이 줄줄이 생겨날 것이다. 충성 고객이 다른 신규 고객을 소개하고, 그 신규 고객이 또 당신을 소개해주려 할 것이기 때문이다. 충성 고객을 만족시킨 당신을 높이 평가하기 시작한다면 말이다.

분기 안에 1억 원 매출을 달성한 3가지 방법

일이 되게 하라

전쟁에 나가려면 무기가 있어야 한다. 5월은 다양한 행사가 모여 있는 달이다. 서로 다른 행사에 맞추어 판매할 수 있는 제품을 얼마나 보유했는지가 MD의 매출을 나타낸다. 여기서 제품이라고 표현할 수도 있지만 엄밀히 말하면 좋은 제조사다. 좋은 상품을 보유한 제조사를 확보한 MD는 끊임없이 다양한 상품을 제안받고, 또 리스크를 줄여 상품 판매를 할 수 있기 때문이다. 소싱한 상품을 직접 판매하는 벤더링 업무를 시작한 지 8개월째, 그리고 영업을 메인으로 시작한 지는 3개월 차다. 1년 차의 MD에게 시즌 상품이 있어봤자 얼마나 많은 상품이 있겠는가. 부정적인 생각이야 하면 뭐하겠나 싶어 너도나도 같은 상황이라고 여기고 여기저기 상품을 공수하기 바빴다. 늦어도 4월 첫째 주에는 자사몰 테스트 및 상세페이지 기획이 완료되어야 제품을 확보할 수 있기 때문이다. 몸과 마음은 누구보다도 바쁘게 움직일 수밖에 없었다.

5월에 가장 돈을 많이 쓰는 사람은 누구일까? 가장 많은 선물을 받게 되는 사람은 누구일까? 밝게 웃고 있는 딸을 보며 정답이라 여기고 거래처 대리님에게 전화를 걸었다. 다행히도 4월 초에 신상품이 입고 예정이라고 하시며, 한정 수량으로 1,000개 내외만 줄 수 있다고 하셨다. 이게 웬일인가! 대한민국 엄마들의 쇼핑천국! A마트, B마트 등 대형마트에 입점하는 그 입소문 자자한 장난감을 내가 판매할 수 있게 되다니 말이다. 무엇보다도 상품을 촬영할 때 딸이 해당 제품을 보고 행복해할 모습을 상상하니 내가 너무 행복했다. 딸에게 비친 엄마의 모습은 히어로였다. '우리 엄마는 이것도 팔고, 저것도 팔고, 내가 원하는 장난감도 판다! 그리고 나는 엄마를 도와주는 모델!'

나에게는 감사하게도 신뢰를 쌓아온 거래처가 있었다. 그 거래처 덕분에 신입 영업 MD는 귀한 '레어템'이라고 불리는 육아 제품을 시즌 기간에 맞추어 판매할 수 있었다. 앞에서도 언급했듯이 매출을 올리기 위해서는 좋은 제조사를 만나야 한다. 아무리 좋은 제품이 있다고 하더라도 그것을 제공하는 것은 제조사기 때문이다. 기업인으로 골드만삭스의 사장 자리에까지 오른 도키 다이스케(土

岐大介)는 사람 사이의 신뢰도를 '차갑다(1단계), 형식적이다(2단계), 조금 따뜻하다(3단계), 협력적이다(4단계), 친밀하다(5단계)'의 총 5단계로 나눴는데, 상대의 신뢰도가 적어도 4 이상이 되어야 비즈니스가 성사될 수 있다고 했다. 생각해보니 내가 처음 상품을 제안받고자 했을 때 거절했던 업체들도 그 후, 계속해서 소통하고 라포를 쌓아가니 거절을 해도 다음에는 꼭 소량이라도 주겠다고 대화 방법이 달라져 있었다. 그 사이 신뢰가 쌓여가고 있음을 느낄 수 있었다. 사람이 하는 일에는 반드시 신뢰가 함께해야 하고 이것을 지키기 위해 노력해야 한다.

기대를 저버린 케이스

업체와의 비즈니스를 진행할 때, 항상 긍정적인 스토리만 있는 것은 아니다. 제품을 공급받아야 하는데 예정 일정에 맞추어 상품이 도착하지 않았다. 일정 안에 배송하지 않으면 페널티를 받게 되어 누적되면 영업 정지를 당할 수도 있는 상황이었다. 담당자와 연락이 닿지 않자 네이버에 검색해서 업체 본사와 연락을 취했다. 결국은 거래처 대표님과 통화해 예정된 상품의 수량보다 적은 수량과 함께 납품 기일보다도 지연되어 공급받게 되었다. 페널티는 받은 상황이었고 이미 CS는 한 상황이었다. 나에게는 얼마 되지 않은 거래처 중 하나였고, 매출을 올려준 상품 중 하나였으므로 소중했다. 하지만 본부장님이 교훈으로 삼자며 잘 생각해보라고 말씀하셨다.

잘 생각하라는 말에 담긴 의미를 알고 있었다. 일정에 맞추지 못할 수는 있으나 담당자의 연락 두절을 받아들일 수는 없었다. 그러고 나서 며칠 뒤 담당자에게서 연락이 왔다. 죄송하다는 말뿐 어떠한 설명도 없이 바로 다른 상품을 제안하는 게 너무 뻔뻔하게 느껴졌다. 같은 실수를 반복하지 않겠다는 말은 더 이상 신뢰할 수 없게 되어버린 현실. 실제로 내게는 이런 유사한 일들이 1년 안에 몇 번이나 벌어졌다. 본부장님은 제조사 복이 없다며 많이 경험하고 배운다고 다독여주셨다. 그렇게 나의 1년이 지나갔다.

내가 보는 눈이 없어서일 수도 있고, 또 나의 다양한 경험이 더 성장한 나를 만들기 위해서일 수도 있다고 생각하며 하루하루를 버텼다. 이슈가 생길 때마다 회사에서 든든하게 커버해주었고 다행히도 큰 탈 없이 해결되었다. 그렇게 사건과 해결이 함께 되는 것을 보며 나는 함께할 거래처와 손절해야 할 거래처를 구분할 수 있었다.

나는 '을'로 시작했다. 상품을 공급받고 싶어도 거절당하기 일쑤였고 상품을 제안해도 대답이 없을 때도 다반사였다. 그래서 '을'이 남 같지 않고 좋다. 을의 목소리가 더 간절하고 더 가깝게 느껴진다. 작은 약속이 더 소중하다. 작은 약속 하나도 못 지키는 사람과 어떤 거래를 할 수 있을까? 나는 상대방의 신뢰를 얻기 위해 확실한 상품만 판매한다. 내가 사용하고 내 가족이 사용할 제품. 그리고 합리적인 가격 선에서 제안한다. 그게 내가 신뢰를 얻는 방법의 하나라고 생각한다.

너무나도 판매하고 싶었던 상품을 타 업체에서 판매하는 것을 알게 된 적도 있다. 우리에게 제안할 것처럼 행동했던 그 대표님은 우리 대신 다른 업체를 선택했다. 뒤통수 맞은 기분이었다. 우리가 어떻게 대했는데! 나는 이 서운함을 매출로 증명하려고 했다. 그 대표님이 다시 상품을 제안하면, 나는 매출에 도움이 된다고 판단되면 바로 진행했다. 매출 앞에서는 나의 기분은 뒤로 보내야만 했다. 내가 판매를 제대로 했다면 그 상품도 내게 왔을 거라고 생각했기 때문이다.

'나에게 기회가 오는 상품은 제대로 매출로써 결과를 보여주면 내가 원하는 상품을 다 판매할 수 있다!'

상품을 소싱하고자 할 때, 거래처에 나를 소개해보자!

TIP | 워킹맘 주저리!
미친듯이 1달에 10개 이상 소싱하고 기획했어요

미쳤다는 소리를 들어야 했냐구요?
그러려고 한 게 아니에요. 어떤 상품이 터질지 몰랐어요.
여기서 '터진다'는 '상품이 대박났다'와 같은 뜻이에요.

될 것 같은 상품은 판매가 되지 않고, 왜 판매가 되는 거야 싶은
상품은 판매가 잘되는 거예요!

그때부터 카테고리, 금액대 가리지 않고 제품 소싱과 기획에
박차를 가했어요. 경험만큼 나에게 큰 보물은 없었어요.

가장 많은 제조사를 확보한 MD가 되어 있었고,
다양한 케이스의 CS를 통한 경험은 물론,
튼튼하고 견고한 유통사를 확보한 MD로 성장해 있었어요!

BeSt SelleR

BeSt
Selle

4장

월 2억 원 실전 판매 마케팅 8법칙

BeSt SelleR

그들에게는 없고 우리에게는 있는 것 찾기

매의 눈과 소머즈(잘 듣는 사람)

"내가 나를 위하지 않으면 누가 나를 위해줄 것인가? 지금 하지 않으면 언제 할 날이 있겠는가?" 이 글귀는 이스라엘의 현자 랍비 힐렐(Hillel the Elder)의 명언으로 팀 페리스(Tim Ferriss)의《지금 하지 않으면 언제 하겠는가》라는 책의 한 부분에 담겨 있다. 결실이나 보상이 있는 행동인가보다 중요한 것은 자신의 직관을 따르는 것이라고 책에서는 말한다. 이 글을 읽고 현재 우리 회사가 나아가고 있는 방향과 비교해보았다.

내가 입사했을 즈음, 수십 년 동안 몸담았던 업계와 다른 업종에서 새로운 사업을 시작한 대표님은 우리 회사의 목표는 '생존'이라고 하셨다. e커머스 사업 속에서 첫해 '생존'을 목표로 달렸다. 그리고 다음 해, '우리는 프로다!'를 외치며 더블 성장을 위해 모든 직원이 열심이었다. 그렇게 '갓성비(가격 대비 성능이 굉장히 뛰어나다는 것을 의미하는 신조어)'와 '가심비(가격 대비 마음의 만족이 크다는 것을 의미하는 신조어)' 등 우리는 매해 바뀌는 소비 흐름과 함께 판매처들의 니즈에 발맞추어 변화하고자 노력했다. 물론 이것을 진두지휘하는 분은 대표님과 본부장님이셨다. 매년 새로운 정책이 발표될 때마다, 기획하는 방법과 업무 절차가 변경되기도 해서 실무진들은 적응의 시간이 필요하기도 했지만, 누구 하나 큰 사건 사고 없이 서로 응원하며 열심히 함께했다.

그런데, 2021년 하반기, 코로나19가 언제 끝날지 모르는 상황 속에서 e커머스 시장은 다양한 변화를 보였다. 특히 점점 MD가 교체되거나 거래처가 사라졌다. 본부장님은 회의마다 실무진들에게 시그널을 주셨다고 하지만, 실제로 나는 크게 와닿지 않았다. 나는 단지 작년 대비 내 실적에 만족했기 때문에 회사가 어렵고, 시장이 어렵다는 말을 귀담아듣지 않았던 것을 크게 후회했다. 지금에서야 돌이켜 생각해보니 자아 만족에 그쳤던 것 같다. 2021년 목표는 달성하지 못했지만 2020년 대비 개인 매출은 몇 배나 성장했기 때문이다. 이것을 깨닫게 된 시점은 AARP(After Action Review, After Action Plan)의 12월 피드백을 작성한 후였다.

회사마다 다양한 월말 보고를 통해 실적 보고를 진행하겠지만 우리 회사의 경우, 월말 보고를 'AARP'로 대체하는데, 이것은 1945년

밴더링 12월 After Action Review								
제출일:	2022년 1월 13일							이 현주
No.	품명	2021년			12월			최적의대안 (참고사항)
		목표매출	누적매출	달성율	목표매출	매출	달성율	
1	상품명 A	300,000,000	382,201,107	127.4%	35,000,000	40,041,075	114.4%	OO사 광고 제안
2	상품명 B	80,000,000	50,911,010	127.3%	20,000,000	23,569,560	117.8%	앵콜 유도
3	상품명 C	60,000,000	56,578,925	188.6%	15,000,000	13,906,755	92.7%	신규 플랫폼 제안
4	상품명 D	40,000,000	44,817,769	89.6%	5,000,000	4,301,425	86.0%	이벤트 기획, 리뉴얼 체크
5	기타 (일시품절, 품절, etc)	820,000,000	609,131,990	94.0%	45,000,000	4,039,995	80.8%	
총 계		1,300,000,000	1,143,640,801	88.0%	120,000,000	121,023,465	100.9%	
상품소싱 (5개 목표)		* 소싱&리뉴얼&기획 (7개) - 소싱 (5개) : H사의 OO 제품, Z사의 OO제품, 반지세트, 야관문, 트리트먼트 샴푸 - 기획 (2개) : 참치, 디퓨져						

〈AAR(After Action Review) 샘플, MD 버전〉

[출처 : 저자 작성]

미 공군에 적용되었고 오늘날에는 미국 육군의 교육훈련 과정에 들어 있는 성과 개선 방법론이다. AAR은 '계획, 실행, 돌아보기'를 반복함으로써 같은 잘못을 예방하고, 성과를 만드는 것인데 이것을 기존 양식 그대로 사용하지 않고 우리 회사에서는 각 부서마다의 특성에 맞추어 양식을 조금씩 변경해 보고하고 있다. 이때, 양식은 부서 특성에 맞추어 변경되지만 보고할 때는 기존 AARP 피드백 스킬 인사이트에 맞추어 보고가 진행된다.

예를 들어 외부나 개인 태도 요인을 제외하고 '행동'에 집중해서 정확한 원인을 분석하고, 재발하지 않도록 보고하는 것이다. 나는 이 보고를 할 때, 너무 잔인하다고 느꼈다. 실제로 전체 직원들 앞에서 '이번 달 당신의 성적표입니다'라고 평가받는 자리 같았다. 매출이 많이 늘었다 하면 본전이고, 감소하면 정말 준비를 철저히 해야 할 것 같은 심리적 압박감이 있는 것이 사실이기 때문이다. 누구 하나 큰소리를 내거나 질책하지 않는다고 해도 말이다.

AAR의 변경되기 전 5가지 질문은 다음과 같다.

얻고자 한 것은?
얻은 것은?
차이와 그 원인은?
해야 할 것은?
하지 말아야 할 것은?

AAR에서 보고를 마치면 바로 AAP(After Action Plan)로 넘어가 다음의 질문들에 대한 설명을 이어나간다.

얻고자 하는 것은?
현재 모습은?
최적의 대안은?
해야 할 것은?
피드백 방법은?

처음 접하면 다소 낯설거나 어렵게 느껴질 수 있으나 해당 양식은 나에게 조금은 친숙했다. 그 이유는 이전 근무했던 회사에서 매주 작성했었던 보고서 양식 중 하나였기 때문이다. 다만 MD 양식으로 변경됐을 뿐 보고할 때는 같았다.

보고는 명확하게 해야 한다. 얻고자 하는 것에 대해 확실하게 설명해야 하고, 측정할 수 있어야 한다. 그리고 그 목표가 팀과 조직에 부합되어야 한다. 전략 또한 효과적이어야 하는데, 이때 본부장님이 가장 매섭게 준비하고 계신다. 정말 청취를 잘하고 계셨다가 보고를 완료하면 바로 마우스를 건네받고 족집게처럼 콕콕 집어서 다시 피드백하라고 말씀하신다. 특히 나의 경우 유난히 질문을 많이 받은 것 같다. 실제 질문은 앞서와 같으나 다음과 같이 변경되었다.

밴더링 1월 After Action Plan

제출일: 2022 년 1월 13일 / 작성자 : 이 현주

No.	과업 (제목)	상품명	연간목표매출	당월목표매출	해야할것은	V. 피드백 방법은? (성과 증명 방법, 정량적)
1	목표매출 1,700,000,000원	A상품	300,000,000	15,000,000	기존 거래처 관리, 신규 거래처 확보	월간 AARP
		B상품	110,000,000	10,000,000	도매, 광고 가능 업체 체크	
		C상품	**100,000,000**	**35,000,000**	**신규 거래처 확보 필요 (지속가능한 플랫폼 필요)**	
		D상품	200,000,000	35,000,000	기존 거래처 관리, 신규 거래처 확보	
		기존상품 (명절, 리뉴얼 상품)	100,000,000	20,000,000	신규 거래처 확보 필요	
		매월 신상품 & 리뉴얼상품	890,000,000	10,000,000	신규 거래처 확보 필요	
	합계		1,700,000,000	125,000,000		
No.	과업 (제목)	I. 얻고자 하는 것은? (목표, SMART)	II. 현재의 모습은? (현실, 상태, 상황)	III. 최적의 대안은? (대안찾기, 핵심전략)	IV. 해야 할 것은? (자원, 우선순위, 조직)	V. 피드백 방법은? (성과 증명 방법, 정량적)
2	영업	자사 PB 상품: 대나무숯치약, 푸른양배추, 시즌상품(A시리즈) 영업확대 기존상품 : 시즌상품, 신규상품	• 자사 PB 제품 메인 거래처 판매 현황 - 추가 파일 참고 (신규거래처 진행예정) • 라이브커머스 : A플랫폼 (K제품진행 예정) • 시즌상품 : 명절상품준비 (참치대첩 프리미엄 참치회 선물세트)	• 신규제안 진행 (폐쇄몰, 오픈마켓, SNS, 신규플랫폼) • 시즌상품 영업 : 보습로션, 크리스마스 기획준비, 과메기	- 참고 플랫폼 모니터링 (네이버쇼핑, 인스타, 유튜브, 대형app)	월간 AARP

〈After Action Plan 샘플 MD 버전〉

[출처 : 저자 작성]

이렇게 길게 우리 회사만의 매월 매출 보고 양식을 설명하는 이유

는 이게 바로 영업에 '영' 자도 모르던 워킹맘을 오늘날 이 자리에 올 수 있게 만들었던 기본 중 기본이라고 생각하기 때문이다. 물론 해당 피드백에 대해 아는 분들도 있을 것이다. 다만 어떻게 나의 위치에 맞게 사용하고 실제 적용하는지가 중요하다.

나는 AARP를 앞두고 3일 전부터 준비한다. 매출을 작성하는 데 하루를 보내고, 계획을 수립하는 데 하루를 보내며, 최종 수정하는 데 하루를 보낸다. 그래도 본부장님은 다시 피드백하라고 하신다. 그리고 심지어 이렇게 준비해도 대표님과 본부장님 시선에는 나의 부족함이 계속 보여 감사하다. 내가 계속 발전할 수 있도록 가르쳐주시기 때문이다. 이번 달 핵심 판매 제품에 대한 보고, 메인이 될 거래처와 그 이유, 신규 거래처와 제품 확보에 대한 방안 등 어떠한 변수에 대해서도 답변을 준비해야 한다. 이 모든 것을 월간 AARP 피드백 발표 시간에 피드백하는 것이 직원의 기본이라고 배웠다. 세계적인 경영학자 피터 드러커(Peter Drucker)도 말하지 않았던가!

"지식 근로자가 성장하는 역사적으로 검증된 유일한 방법이 피드백이다."

나 스스로 고객이 되라

추가 이득을 제시하라

'나는 온 정성과 진심을 담아 제안하는데 왜 딜이 잡히지 않을까?'

오늘도 제대로 된 영업을 하지 못했다. 정말 궁금했다. 상품이 깡패라고 상품의 문제일까…. 기획이 문제일까…. 아니면 영업 멘트가 문제일까…. 그것도 아니라면 정말 우리 회사가 이름도 알려지지 않은 작은 회사여서일까? 모든 경우의 수를 가져와 그 이유를 생각해 본다. 나는 그 답이 알고 싶었다. 언제까지 상품 탓, 시장 탓, 환경 탓만 할 수도 없었다. 특화된 산업군에서 영업 경험이 없던 워킹맘에게는 정말 생존의 문제였다.

입사하고 나서 회사 매출이 줄어들고 있었다. 카카오스토리 채널 UI(User Interface, 사용자 인터페이스)가 변경됨에 따라 소비자의 활동이 눈에 띄게 변화됨을 체감했다. 스토리채널에서 제공하는 통계 자료를 보면 '소식받기' 구독자가 줄어드는 동시에 '활동사용자' 또한 줄어들었다. 이렇게 플랫폼 사업의 매출 변화가 시작될 때 나에게 새로운 미션이 주어졌다. 그것은 소싱한 상품을 직접 판매하는 벤더링 업무였다. 입사한 지 1년 만에 일어난 일로, 너무나도 갑작스러웠다. 입사 후 6개월이 되었을 때는 상품 소싱을 직접 했고, 1년 차가 되니 이젠 영업을 직접 하라고 하다니…. 평소에 해본 적도 없던 영업이다. 상품을 플랫폼에 올려서 판매하는 것과는 전혀 다른 문제였다.

전쟁에 나가려면 무기와 방패가 있어야 하지 않는가. 그렇다면 나에게 무기와 방패는 무엇일까? 무기라고 하면 상품이 될 수 있고, 방패는 든든한 회사가 될 수 있다고 생각했다. 그래서 이 두 가지를 가지고 정해져 있는 고객들에 더해 신규 고객들을 만들겠다는 겁 없는 포부를 외치며 '네, 해보겠습니다!'라고 했던 것이 기억에 남는다. 이때는, 근무환경이 변경되었음에도 근로계약에 대해 새로 무엇인가를 요청한다는 것을 상상하지도 못했던 아무것도 모르던 경험 제로의 워킹맘이었다.

경험도 경험이지만 영업이나 밴더링에 대한 어떠한 데이터도 없었다. 본부장님이 기본적인 거래처에 대한 설명, 영업을 할 때 주의할 점 등 기본 매뉴얼은 설명해주셨다. 하지만 내가 원하는 것은 조금 더 디테일한 자료였다. 결국은 내 경험으로 내 데이터를 쌓는 게 필요했다. 기본적인 거래처의 키맨 정보부터 시작해 플랫폼에서 가장 잘 판매되었던 상품들, 그리고 시즌의 주력 상품 등 궁금한 것이 많았다.

그래도 다행인 것은 채널 MD를 하며 거래처들의 시간대별 메인 상품 노출 패턴을 인지하고 있었다. 그래서 해당 플랫폼 MD들의 니즈도 어느 정도 알고 있어 큰 거부감은 없었으나 약간의 어색함은 들 수 있을 거라고 생각했다. 불과 며칠 전까지만 해도 서로 어떤 상품이 상타인지, 중타인지 소통하던 사이였는데, 이제는 내가 상품을 제안해야 하는 관계로 바뀌었기 때문이다. 어제의 동지가 오늘은 고객이라니! 여간 낯간지러울 수가 없었다. 반대로 더욱 편하게 상품을 밀어내기도 할 수 있었다. 그리 많은 경우는 아니었지만 말이다.

한번은 상품 딜이 너무 안 잡힐 때였다. 친하게 지내던 거래처 MD가 개인 톡을 보내왔다.

"MD님, 이번에 우리 신규 제품이 나왔는데요. 제품이 좋은데 가격까지 너무 착해요. MD님 채널에 테스트 가능할까요?"

남 일 같지 않았다. 이때 나는 자리에서 고개만 돌리면 보이는 창문에 비친 잔디밭과 하늘을 바라보며 속으로 외쳤다. '정말이지, 하늘이 무너져도 솟아날 구멍이 있다더니!' 나는 해당 MD와 함께 상품 트레이드를 했다. 거래처의 상품을 밀어주고 나의 상품을 역으로 밀어넣는 것이다. 다행히도 양사의 제품들은 모두 반응과 전환이 좋았다. 작전 대성공! 우리 회사에 비해 큰 거래처였기에 나에게는 더 큰 수확이었다. 이때 또 하나 배웠다. 나 역시 판매자지만 고객일 수도 있다는 것을 말이다.

평상시 가만히 있어도 잘 팔리던 상품이 어느 순간 매출이 급감하는 경우가 있다. 이유가 무엇일까 궁금해 시장조사에 들어갔다. 관심을 두지 않았던 내 부주의가 큰 문제였다. 가만히 있어도 매출을 받쳐주고 있으니 알아서 팔리겠지 하는 안일한 생각이 문제의 시작이었다. 매출 급감의 이유는 거래처 MD가 바뀐 것과 동시에 해당 플랫폼 메인 제품이 기존 내가 관리하던 상품이 아닌 다른 상품으로 변경되었기 때문이었다. 우리 회사에서 핵심으로 밀고 있었던 상품은 생필품으로 재구매율이 높은 상품이었다. 사용자 리뷰도 같은 상품군 중에서 압도적으로 높았다. 지극히 개인적인 생각이었지만 소비자들에게는 해당 제품이 어느 정도 소비패턴이 잡혀 있을 거라고 안심한 나의 교만이 큰 손실을 준 것만 같았다. 나의 보물 같은 상품이 퇴물이 되어버린 것만 같았다. 고객들도 새로운 제품이 노출되니 반가웠을 것이다. 쉽게 바뀌지 않을 것 같던 소비자의 소비패턴과 사용습관은 환경에 따라 언제든지 바뀔 수 있다는 것을 또 한번 알 수 있었다.

소비자의 제품 사용을 습관화하고 재구매, 그리고 입소문이 나게 하기까지 우리는 정말 큰 노력을 했다고 생각했다. 물가 상승에도 단 한 번도, 가격 인상이나 배송 지연 또는 오배송에 따른 CS 해결 건 등 어떠한 불편함도 느끼지 못하도록 노력한다고 했는데, 그것만이 전부가 아닌 것을 깨달았다.

나는 제일 판매량이 높은 거래처에서 주력 상품의 경쟁 상품을 타깃으로 몇 가지 골라 주문해보았다. 상품 배송일, 포장 방법, 제품 패키지 확인, 그리고 실제 사용감 등 직접 체험해보았다. 기존 우리 제품과 서비스의 차별성을 느끼고 싶었다. 금액의 차이가 있는 것은 그럴 만한 이유가 있는 것이고 어떨 때는 우리 것이 더 낫다 하면서 안도의 한숨을 쉬기도 했다. 그러면서 점점 내가 판매하고 있는 제품에 대해 자부심을 느끼기 시작했다.

"현주 MD, 이제 리오더를 해야 하는데 계속 판매할 거야?"

본부장님이 물어보셨다. 한 번 리오더를 할 경우 2만 개를 생산해야 한다. 말이 2만 개지, 실제로 상품이 입고되면 카톤 상자가 창고에 적재되어서 쌓이는 기쁨도 잠시, 이 많은 것을 어디에 팔까 고민하는 것이 모든 영업자의 고민일 것이다.

"네, 본부장님. 더 잘 팔아볼게요."

그야말로 미친 자신감이었다. 쉽게 멈출 수 있는 제품이 아니었다. 말로는 여기에 입점 안 되면 정말 어떡하지를 연발하며 매일 시간을 보내왔지만, 항상 터지는 곳 하나만 발견하자는 희망으로 매일 제안하고 다녔던 것 같다. 상품의 출구전략을 더 못 찾겠다면, 해당 제품과 함께 팔 수 있는 신규 제품을 기획할 수 없느냐고 되물었다. 그렇게 1년이 지나고, 또 1년이 흘렀다. 그리고 2022년 7월 기준으로 재고 1,000여 개. 우리는 해당 제품을 계속 판매하기 위해 새로운 제품을 기획하고 테스트하고 노력해왔다. 실제로 그 과정에서 멈춘 프로젝트들이 몇 건이다. 아직도 방법을 계속 찾고 있지만 행복하다. 여전히 레전드로 판매되고 있기 때문이다. 해당 제품은 앞에서도 언급했던 '대나무 숯치약'이다.

〈대나무 숯치약(2021년 버전)〉

[출처 : 저자 제공]

이 제품만 보면 웃다가도 미간을 모으기도 한다. 전략이 필요하기 때문이다. 행복하게도 대박 상품을 가진 워킹맘은 한시도 상품 고민을 내려놓은 적이 없는 것 같다. 메인 타깃은 구취가 고민인 남성과 여성, 가성비를 따지는 현실적인 어른들이다.

상품에 소구점 녹이기

익숙함과 호기심의 차이

많은 사람들이 첫사랑을 가슴에 품고 살아간다고 한다. 당신에게도 가장 기억에 남는 사람이 있는가? MD 들은 매일같이 새로운 제품을 소싱하고 기획한다. 하지만 나는 이 e커머스 비즈니스 플랫폼 회사에서 근무하기 전까지만 해도 MD라는 일을 하게 될 거라고 상상조차 해보지 못했기에 소싱을 할 거라고는 더더욱 상상하지 못했다. 그러던 내가 이제 소싱을 하고 기획하는 데 시간을 더 많이 쓴다. 그러면서 고객을 설득하는 방법에 대해 더 알아보기 시작했다. 내 편이 아닌 남의 편을 내 편으로 만드는 방법부터 정말 기획과 영업은 알면 알수록 양파처럼 눈물만 나올 정도로 맵고, 멀고, 험해 보였다.

어떻게 하면 내 상품을 고객에게 꼭 갖고 싶은 상품으로 보이게 할까?

제품에 가치를 불어넣는 방법에 조금 더 치우치고 싶었다. 어떠한 상술을 부리기 전에 제품 본연의 가치를 고객에게 전달하고 싶었다. 나 자신이 판매하고자 하는 제품에 확신이 있었기 때문에 소싱을 한 것인데 이 제품을 가지고 고객을 설득하지 못한다면 판매하면 안 된다고 생각했다. 그래서 처음 기획서를 작성할 때 많은 시간을 투자했다. 인터넷 기사 스크랩, 방송자료 등 필요한 정보들을 모두 수집하는 데 많은 시간을 보냈는데, 실제로 사용하는 문구는 몇 자 안 된다는 사실에 나의 정보 수집 과정에 문제가 있음을 느꼈다. 주어진 근무 시간 안에 업무를 마무리하는 것도 하나의 능력이었다. 언제까지 야근을 할 수 있는 것도 아니었다. 결국, 방법을 바꾸었다. 벤치마킹할 제품의 상세이미지를 찾아서 사람들의 마음을 낚아챌 '후킹워드(Hooking Word)'를 기재했다. 그리고 그 제품과 판매할 제품의 차별점을 나열했고, 거기서 소구점을 찾아냈다. 그리고 그 워딩들을 상세페이지 안에 녹여냈다. 이렇게 하니 기획서 하나의 작성 시 4시간 걸리던 것이 하루 3시간, 2시간, 1시간으로 점점 줄어들고 있었다.

비욘세는 대중음악 역사상 최고의 여성 아티스트로 인정받는 가

수 중 하나다. 그런 그녀가 2020년 온라인으로 중계된 졸업 연설에서의 발언이 화제가 되었다. 그녀에게 사람들이 성공비결이 무엇이냐고 물었고 그녀는 이렇게 답했다.

"Put In That Work."

한국어로 해석하면 "그저, 노력하는 것." 이 말이 나에게는 큰 울림을 주었다. 그저 매일 같은 패턴으로 노력하다 보면 나도 언젠가는 나아지겠지 생각하면서 그렇게 매일 노력했다. 그리고 어느 날, 소비자들은 기억하고 싶은 것만 기억한다는 것을 깨달았다. 이것을 깨달은 것은 바로 나의 작은 어린 딸을 통해서다. 한창 엄마표 영어에 열을 올리고 있을 때였다. 어느 날 딸은 내게 제안했다. 그 어린 다섯 살 어린이가 말이다.

"엄마, 내가 이 노래를 다 부르면 우리 코코몽 키즈카페에 가요. 그리고 거기서 코코몽 주스를 사주세요."

키즈송에 대해 서로 알아가고 있었고, 딸은 그 노래를 함께 부르는 조건으로 키즈카페에 가는 것을 내게 조건으로 내민 것이다. 거기다 코코몽 주스까지 사주는 조건도 함께 말이다. 겨우 다섯 살 어린아이의 기억 속에도 코코몽 키즈카페에 가면 엄마가 무엇을 사주는지 그 패턴을 기억하고 있는 것이었다. 그래서 나는 이때부터 영어 놀이, 엄마표 영어 공부를 시작할 때면 종종 상여 시스템을 만들어서 딸에게 동기부여를 했다.

기억이라는 것이 이렇게 사람의 마음을 움직이게 한다. 그래서 나는 상품을 기획할 때 사람의 마음을 움직이는 기억을 사용하기로 했다. 예를 들어 치약의 경우, 데이트할 때 구취 때문에 고민이었던 경험을 넣는다든지, 혹은 잇몸 통증으로 고생했던 경험 등을 넣어서 공감하게 했다. 판매했던 대나무 숯치약의 경우 원재료 성분인 대나무 숯과 호두껍질 파우더가 구취 제거 및 잇몸 마사지 기능을 돕기 때문에 이렇게 소구점을 잡을 수 있었다.

앞서 소개했던 MD638 올인원 로션 포맨의 경우 남자들의 군대 추억을 떠올리게 했다. 남성성을 더욱 강조했고, 군대에서 쓰던 수통을 기억할 수 있도록 제품 패키지를 더욱 부각해 노출시켰다. 뿐만 아니라 향 자체가 제품의 모든 것을 말해주기에 데이트를 준비하는 남성에게 필수 아이템이라는 것을 강조해서 20대 후반부터 60대 남성까지 찾는 올인원 로션으로 자리 잡을 수 있도록 했다. 불편한 걸 싫어하는 남자들에게는 최고의 상품이었다.

야심 차게 준비했던 대형 업체와의 협업 제품인 김O 원장의 푸룬 양배추 제품은 출시와 함께 대형 유튜버와의 협업으로도 빠르게 시장에 안착할 수 있었다. 메인 타깃을 소화와 변비가 고민인 사람으로 설정하고, 뿐만 아니라 평소 다이어트, 해독에 관심이 많은 분과 더불어 한방에 관심이 많은 분을 위해 일부러 대형 업체와 한의원 원장님과의 협업을 진행한 제품이었다. 그래서 상품명에 원장님 성함을 함께 넣어 브랜드화했다.

〈김○○ 원장의 푸룬양배추 상세페이지 일부〉

[출처 : 바라커뮤니케이션]

우리는 가슴에 한 가지 이상의 좋은 기억, 추억을 품고 살아간다. 그중의 하나가 사람일 수 있고, 아니면 초등학교 때 소풍 갔던 기억, 즉 행동에 대한 추억 아니면 무엇인가를 소장했던 추억, 즉 선물을 받았던 기억 등 다양한 경험일 수도 있다. 저마다 다양한 추억들이 있을 것이다. 그 추억이 다른 기억보다 항상 기억의 우위에 있는 이유가 있다. 그것은 다른 어떤 기억보다 대체 불가능하기 때문이다. 그렇다면 어떻게 나의 제품이 대체 불가능한 상품으로 자리 잡게 할 수 있을까?

고객의 마음을 사로잡을 수 있도록 상품에 집중시켜라!

소비자의 기억에 평생 남을 수 있도록 말이다. 코카콜라 하면 빨

간색이 생각난다. 맥도날드는 노란색이 생각난다. 스타벅스 하면 초록색이 생각난다. 이렇게 각각의 브랜드에는 저마다의 톤 앤 컬러가 있다. 그 외에도 각 브랜드마다의 사명, 슬로건 등이 있다. 당신의 상품이 고객에게 대체 불가능한 상품이 되길 바란다면 고객의 시선을 사로잡는 소구점이 가장 잘 드러나게 섬네일로 표현하는 것이 먼저다. 이것이 이미지든 영상이든 상관없다.

TIP | 워킹맘 주저리!
사람은 힘있는 언어를 사용해야 한다

- 목소리에 힘을 주라는 것이 아니다.
  설명하고자 하는 단어 앞에 '강조', '직접적인 단어 사용', '유창한 어휘' 등을 사용해서 전문성을 더하자!
  예) 정말, 분명히, 너무, 확실하게

- 소비자가 이해하기 쉬운 언어를 기본으로 사용하되, 상품설명에 필요한 전문용어를 이해하기 쉽게 설명하는 것 또한 필요하다.
  예) 헤드 부분에 있는 버튼만 눌러주시면 작동됩니다.

- 말꼬리를 흐리는 언어는 비추!
  예) 그런 거 있죠. 그러게요. 어… 그러니까

필요하지 않아도 구매하게 만드는 비밀

간지러운 곳 긁어주기

과거 나는 스트레스를 심하게 받은 날이면 네일아트를 해야만 직성이 풀렸다. 워킹맘이 되고부터는 이것도 여의치 않다. 딸아이를 데리러 가는 시간이 정해져 있을 때는 더욱이 그렇다. 퇴근 시간도 정해져 있지만 나는 아직도 업무를 마감해야 퇴근 시간이라고 생각하는 일종의 꼰대 마인드를 가지고 있다.

어떻게 하면 조금 더 쉽게 네일아트를 받을 수 있을까 고민하던 찰나 한 광고를 우연히 보게 되었다. 바로 손톱에 붙이는 젤네일 스티커였다. 조금의 고민도 없이 사이트에 들어가 패키지 구성으로 구매 시 저렴한지, 낱개 단위가 저렴한지 확인 후 결제를 진행했다. 당연히 광고를 보고 들어갔으니 세트 단위 구성이 저렴했을 것이다.

MD라는 업무를 하면서도 '땡잡았다'는 생각에 들떠 있던 것도 잠시였다. 집에 도착한 제품을 열자마자 다시 현실 속 나를 깨달았다. 나는 '똥 손을 가진 여자'라는 것을 말이다. 한순간의 생각으로 5만 원 이상의 세트를 구매해버린 것이다. 상품을 이미 열어버렸으니 변심 반품이나 교환도 어려운 상황이었다. 누구보다 교환 또는 환불 정책에 대해 잘 아는 나이니 결국 한번 사용해보기로 했지만, 결국 모든 제품은 시누이에게 넘어갔다.

필요하지 않은 상품을 한순간의 충동으로 구매해본 적이 있는가? 나는 수없이 많다. 먹고 싶어질 때면 사이트에 들어가 어떤 식품이 가장 저렴하고 맛있는지, 그리고 쿠폰을 통해 재구매가 가능한지를 확인하며 안 사도 되는 식품까지 추가 구매하는 경우가 있다. 남편은 때로는 맛있다며 좋아할 때도 있지만, 쌓여 있는 택배 상자를 보며 우리 집이 물류창고냐고 괜히 심술을 부릴 때도 있다.

이런 경험을 토대로, 필요하지 않은 상품까지도 구매하게 만드는 방법을 자사 상품 또는 소싱한 상품을 판매할 때 제안서를 작성하면서 녹여냈다. 바로 나를 대상으로 상품을 짜보면 되는 것이었다. 어떻게 하면 복수 구매를 일어나게 하고, 재구매를 일어나게 할 것인지, 미끼 상품을 추가해 추가 옵션으로 구성할 것인지 아니면 판매가를 조금 변경해 복수 구매를 높일 것인지 말이다.

상대방을 내가 원하는 결과로 이끌려면 상대방의 욕구를 알면 된다. 책에서 손정의 회장과 스티브 잡스의 실화를 읽은 적이 있다. 거절할 수 없는 제안으로 스티브 잡스를 설득한 손정의 회장의 이야기였다. 손정의 회장이 일본 시장에서의 독점을 요청했을 때 거절했던 스티브 잡스였지만, 이에 굴하지 않고 손정의 회장은 스티브 잡스의 니즈를 파악하고 두 번째를 제안한다. 그 제안은 바로 아이팟의 재고 처리였다. 아이팟 재고 전량을 현금으로 사주겠다고 제안하고, 일본 시장의 아이폰 독점 판매권을 '소프트뱅크 모바일'에 부여받은 것이다. 이 사례를 읽고 나는 정말 너무나도 소름 끼쳤다. 그 강력한 스티브 잡스를 핸들링하다니! 손정의 회장은 그 어떤 사람도 설득할 수 있는 사람이겠다 싶었다.

어른들 말씀에 아이가 배 속에 있을 때 가장 편하다고 하신 게 기억에 남는다. 때로는 알림장에 올라오는 준비물을 놓칠 때가 있다. 바쁜 워킹맘의 마음을 이해하시는 듯 유치원 담임선생님은 꼭 필요한 준비물이라고 항상 문자나 때로는 단체 알림을 한 번 더 해주신다. 부탁하지도 않았는데 배려해주시는 센스다. 그럼 나도 엄마들을 위해 어떤 것을 도와드려볼까 고민하던 중에 벌써 달력에 표시된 할로윈이 눈에 띄었다. 할로윈을 준비하면서 바쁜 엄마들을 대신해 준비해주고 싶은 마음에 거래처와 함께 기존 제품에서 더 나아가 할로윈 콘셉트에 맞추어 추가될 기획에 대해 회의했다. 이때, 상품 패키지 그리고 실제 어떤 부분을 보강하면 좋을지 기획 회의를 가지면서 엄마들의 따뜻한 마음이 전해졌다. 아이에게 좋은 것을 해주고 싶고, 남들과는 다른 특별한 것을 해주고 싶은 마음, 그리고 우리 아이가 전해준 시그니처와 정성이 들어간 DIY 느낌, 눈높이에 맞춘 선물, 그래서 탄생한 제품이 바로 다음의 제품이다.

〈할로윈 사탕 쿠키 세트〉

[출처 : 저자 제공]

이 제품은 하나의 옵션당 5개의 세트로 구성되어 있는 것이 특징이다. 낱개로는 구매하지 못하게 설정되어 있다. 예를 들어 '할로

원 사탕 쿠키 세트(5개)'의 옵션을 구매할 시 총 사탕 쿠키 세트 5개를 받게 되고, 구성은 추파춥스 1개, 해피무쿠키 1개, 할로윈페이퍼 1개다(랜덤발송). 그리고 함께 라벨지를 선택해 아이의 이름과 원하는 문구, 라벨지 이미지를 선택할 수 있다. 이렇게 나만의 특별한 선물을 준비할 수 있는 것이다. 1만 원도 안 되는 가격으로 5개의 선물을, 그것도 클릭 한 번만으로 말이다.

어린이집, 유치원 등 소속되어 있는 공동체마다 각 반의 정원은 다양하다. 최소 3~10개 이상의 세트가 필요할 부모님을 예상해서 옵션마다 1개 구매할 때 5개씩 받을 수 있도록 기획했다. 어떤 고객에게는 더 필요할 수 있는 수량이고, 또 다른 고객에게는 불필요한 수량이 발생할 수 있지만 그 금액이 결코 과하게 측정되었다고 생각하지 않는다. 그 이유는 다양한 스낵과 함께 귀엽고 깜찍하게 포장된 상품이 아이의 이름이 들어간 특별한 선물로 준비되어 집 앞으로 바로 배송되기 때문이다. 클릭 한 번만으로 말이다.

이 제품을 판매할 때면 나는 마음이 따뜻해진다. 이와 반대로 우리 회사 CS팀과 본부장님은 긴장 상태다. 주문 폭주로 인해 배송 지연이 발생할 수 있기 때문이다. 그리고 거래처들에는 안타깝게도 한정 수량인 관계로 내 매출에 부스터를 달지 못하기 때문이다. 수요가 공급을 넘어버린 것이다. 먼저 준비한다고 준비하지만 매해 증가하는 수요는 상상을 초월한다. '코로나19로 인해 올해는 어떻게 될까?' 하고 고민해서 주문량을 줄였다면 정말 큰 착각이다. 더 늘어난 주문량으로 나는 일요일에도 거래처에 찾아가 제작을 도와드리는 웃픈 일이 있었다.

나는 아이를 키우고 있는 워킹맘이다. 그래서 그런지 다른 제품보다도 육아 관련 제품을 진행할 때 어느 때보다도 행복하고 마음이 따뜻하다. 해당 제품을 통해 아이들이 조금 더 기뻐하고 편안해하고 행복해질 수 있다면, 그리고 엄마들이 잠시라도 휴식을 취할 수 있다면 하고 바란다.

아이들 제품 중 일부는 성인 제품보다 생산과정이 더 까다롭고, 실제 가격 측정에서도 비싸게 측정되는 것이 현실이다. 우리 아이가 사용하는 제품과 먹거리 제품이 높은 퀄리티를 유지하면서 이에 맞는 합리적인 가격으로 소비자에게 제공될 수 있다면 나는 매일같이 그 회사와 함께하고 싶다.

사회적 이슈를 이용해라

요구 vs 욕구

언젠가 뉴스를 틀면 매일같이 쏟아져 나오는 소식이 있었다. 수도권의 한 아파트에서 수도를 틀면 며칠째 녹물이 나온다는 것이었다. 그렇게 수도권 녹물 사태는 다시 한 지역에서는 '붉은 수돗물' 사태로도 번지고 있었다. 뉴스와 기사를 통해 이 사태가 점점 커지자 공포심에 사람들은 수돗물을 여과할 수 있는 상품을 찾았고, 관련 문의가 계속 인입되기 시작했다. 상품이야 있지만 이 역시 공급이 수요를 따라가지 못하는 상황이었다. 상품을 어렵게 구해와도 판매를 시작하기도 전에 거래처에서는 품절 메일을 보내기 다반사였다.

이렇게 녹물 사태를 겪고 나서 나는 아마존에서 재구매율 1위 제품을 소싱했다. 이제는 어떠한 강력한 녹물 사태가 터져도 품절 사태는 없을 것이라고 자부하며 판매 시기를 기다리고 있었다. 물론 이런 일이 자꾸 일어나면 안 되지만 말이다.

그런데 너무 야속하게도 녹물 사태가 아니라 코로나19가 터졌다. 그때는 바로 손 세정제 제품과 KF94 마스크를 준비한 업체가 정말 한순간의 고객을 확보할 수 있었다. 동료 MD의 노력으로 우리 회사는 손 세정제 제품을 판매하게 되었는데, 일주일도 안 되어 품절되고 말았다. 몇천 개의 수량이 말이다. 그때 당시는 아무도 코로나19가 이렇게 오래갈 거라고 알지 못했다. 누가 알았겠는가!

코로나19 초반에는 마스크, 손 세정제 등의 제품은 부르는 게 값이 되어버렸다. 파레트 단위, 그리고 현금을 주고 구매해야지만 그나마 저렴한 가격으로 구매할 수 있었던 것이 현실이다. 본부장님은 우리 상품이 아닌 것 같다고 내려놓자고 말씀하셔서 몹시 속상했다. 가져오기만 하면 품절이기 때문에 너무나도 팔고 싶었다. 지연을 동원해서라도 말이다. 나의 외삼촌의 친구가 마스크 제조사의 대표였고, 심지어 그 마스크를 거래처에서 수급받아 판매하고 있었던 것이다. 그 마스크가 품절될 때마다 나는 정말 다음에는 더 좋은 상품으로 품절시켜야지 하며 다짐했다.

그런데 여기서 내가 간과한 것이 있었다. 바로, 상품의 다양성이다. 코로나19로 소비자에게 필요한 상품이 단지 마스크와 손 세정제뿐일까? 아니다. 정말 다양하게 많다. 특히 우리 일상생활에 꼭 필요한 생필품이 있을 것이다. 밖으로 나오기 어려운 분들에게는 특히 말이다. 그리고 그때 마침 밀키트 제품들이 인기가 높았다. 오프라인 시장이 어려움을 호소하고 있을 때, 위기가 기회라고 생각해 정말 준비를 열심히 한 온라인 업체에게는 코로나19가 큰 기회로 다가왔을 것이다. 음식, 휴지, 샴푸, 세제, 과자, 책, 운동기구, 건강기능식품, 건강보조식품 등 판매할 제품이 너무 많았다. 그리고 여행하지 못하는 고객들에 답답함을 채워줄 대체 상품들도 준비할 만했다. 만약 여행업계에 있는 종사자들이라면 말이다. 세미나가 줄어들어서 고민인 분들은 오프라인 강의를 온라인 강의로 전환하는 것도 좋은 방법이다. 생각의 전환이 판매할 상품군을 더욱 넓게 만들어주었다.

나의 경우, 판매할 수 있는 먹거리를 늘릴 수 있었다. 유아를 위한 밀키트, 성인 밀키트, 그리고 건강보조식품 등을 판매해서 재구매율이 높은 제품들을 소싱해 매출을 유지할 수 있도록 노력했다. 이렇게 상황에 맞추어 대처한다고 해도 항상 긴장의 끈을 놓지 말아야 한다. 일부 지역이 코로나 확진자로 인해 배송 불가 지역이 되어버리는 일이 발생했다. 하루라도 배송이 지연되면 고객들의 주문취소 사유가 된다. 그러면 매출의 영향은 두 번째고, 먼저, 거래처에 CS와 관련해 안내해야 하는 추가 업무가 발생한다. 여기서 주문취소면 간단하지만 고객이 강성일 경우, 택배사를 변경해서라도 보내달라고 할 수 있다. 다양한 경우의 수 앞에서 때로 나는 내부 직원들 앞에서 고개를 떨구고, 어깨를 움츠리며 의자에 몸을 숨기고 있어야 할 때도 있다. '내가 소싱한 제품으로 인해 타 부서가 힘들구나.'

사회적 이슈와 관련된 제품을 판매하게 될 경우, 매출은 확실히 눈에 띄게 불어나는 것을 확인할 수 있다. 그런데 반드시 예측할 수 없는 경우의 수를 미리 준비해야 한다. 상품의 재고는 충분한지, 리오더 기간까지의 일정은 얼마나 걸리는지, 배송할 때 특별한 이슈 사항은 없는지 등을 확인한다.

앞서 사회적 이슈를 무겁게 다루었다면 이번에는 조금 분위기를 바꾸어보겠다. 온 가족이 모이는 행복한 명절. 우리는 '행복하다'라고 표현하지만, 누군가에게는 그렇지 못할 수 있다. 겉으로 표현된 '요구'가 있고 그 요구 속에는 '욕구'가 있는데, 나는 명절 이후 소비자는 어떤 상품을 구매하려고 할까 고민했을 때 그 욕구에 더 중점을 두고 상품을 판매하려고 했다. 특히 '명절 이후 누가 가장 스트레스를 받아서 지갑을 쉽게 열 것인가?'를 핵심으로 생각했다.

'내가 확보한 고객 중, 가장 지갑을 잘 열 고객은 누구이며, 그 고객을 어떤 이유로 구매하게 할 것인가?'

답은 너무 쉬웠다. 30~60대 여성과 남성이 될 것이다. 여기서는 육아맘이 아닌 여성과 남성으로 구분했다. 그렇다면 그들을 위로해줄 상품으로는 다이어트, 란제리, 주얼리, 화장품(기능성 화장품), 건강보조식품 등이 있다. 란제리는 가성비 좋은 란제리가 아닌 아이를 낳기 전에 입었을 만한 섹시해 보이는 란제리를 준비했다. 판매가는 9만 원 이상의 세트 구성으로 말이다. 다이어트 제품으로는 건강보조식품, 건강기능식품, 그리고 운동기구 등을 다양하게 일정에 맞추어 상품을 노출했다. 사람에 따라 살을 빼는 방법이 다르기 때문이다.

고생한 당신을 위해 준비했어요!
오늘 하루, 나를 위해 선물하세요!

이 문구들에 공감하는 소비자들이 며칠의 기간이 몇 년 같았다고 생각하며 지갑을 열기 시작할 것이다. 명절 후라서 가정의 지출이 큰 것은 사실이다. 그렇다면 소비에 대한 합리화가 필요하므로 정말 내가 이것을 사야 하는 이유가 명확하게 만들어져야 한다. 그것은 '비싸도 구매하는 상품의 이유'에서 더 자세히 풀어보겠다.

제품의 판매량이 많지 않아도 고가의 제품들로 지그재그 또는 알박기 느낌으로 세팅을 하는 것을 기본으로 하면 판매 수량 대비 기본 매출은 어느 정도 유지되는 것을 확인할 수 있다. 그리고 너무

고가만 세팅하지 말고, 때로는 가성비를 주는 제품도 함께 세팅한다면 소비자가 이것도 구매하고 저것도 구매하는 일거양득을 거둘 수 있을 것이다.

상품 노출 시간을 확인하라

타깃 패턴 이해하기

봄, 여름, 가을, 겨울 이렇게 사계절이 올 때면 항상 시즌 상품 오프라고 세일하는 시기가 정해져 있다. 우리나라의 경우 추석이나 설 같은 명절에 선물세트 등이 특정 기간에 높은 매출을 올린다. 또 이와 같은 사례로 미국에서는 '블랙 프라이데이'가 대표적이다. 매년 11월 4주 금요일을 말하는데, 그 시기에는 마트, 회사들이 모두 재고를 떨이하다시피 판매한다. 그리고 소비자들은 정말 아끼지 않고 지갑을 열어 행복한 소비를 할 수 있다. 가격 또한 너무 착하게 제시하기 때문이다. 이 때문인지 한국인들도 이 시기에 맞추어 해외 직구를 하는 사례가 늘고 있다.

특정한 기간과 시간대에 상품을 판매하면, 소비자들은 매일 판매하는 상품을 살 때와는 다르게 느낀다. 마치 그날 그 시간에 맞추어 구매하지 않으면 두 번 다시 그 가격에 구매하지 못할 것 같은 느낌을 받는 것이다. 그래서 소비자들은 한정 상품을 파격 세일하는 것과 같은 느낌을 받는다. 이 때문에 오프라인 매장의 경우 전날부터 텐트를 치면서까지 기다리는 현상을 볼 수 있다.

카카오스토리 채널을 운영할 때, 담당했던 업무 중 하나는 카카오플러스 친구에게 광고 메시지를 발송하는 것이었다. 이것을 우리는 줄여서 '플친 발송'이라고 불렀다. 처음 인수인계를 받았을 당시, 플친의 경우 한 주에 가장 많은 매출을 달성한 제품을 대상으로 삼고, 시간대는 MD의 재량이었다. 이전 발송 시간대를 확인해보니 오후 2~5시 사이 발송이 가장 많았다. 그리고 상품 선정 수량은 1개였다. 다양한 연령대를 확보하고 있었으므로 평균적으로 어느 시간대가 휴대전화를 통해 결제가 쉬울지 관리 플랫폼을 통해 확인해 보았다. 우리 회사의 경우 '스룩페이'라는 플랫폼을 통해 관리하고 있었기 때문에 실제 결제가 활발히 이루어지는 시간대를 알 수 있었다.

실제 결제의 경우는 주문 링크를 안내하는 오전 11시 이후, 그리고 오후 4시 이후에 많이 이루어졌고, 그 외 시간대는 새벽부터 밤 11시까지로 다양했다. 어느 시간대가 가장 좋다고 정확하게 피력하

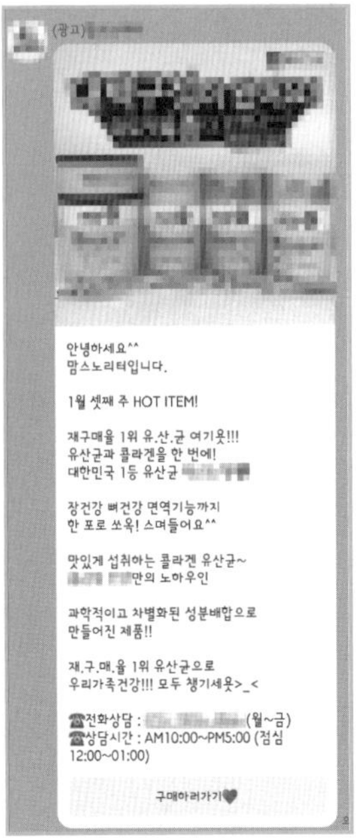

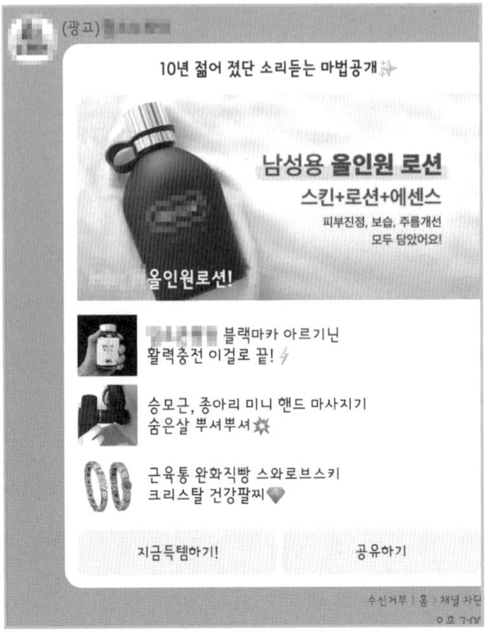

〈카카오 플러스 친구 광고 메시지 사례〉

[출처 : 저자 제공]

기가 애매했다. 왜냐하면 밤 9~10시 사이에 메시지를 보낸다고 가정한다면 해당 광고 메시지의 경우 소비자에게는 스팸 또는 노이지로 보일 것이 염려되었다. 자칫 잘못하면 남을 배려하지 않고 밤늦은 시간 광고를 보내는 센스 없는 업체로 생각될 수 있었다. 육아맘에게는 아이를 재우려는 타이밍에 울려버리는 광고 메시지로 인해 아이가 깰 수도 있는 상황이다. 그래서 나는 평균 퇴근 시간 후로 정했다. 오후 6~7시 사이 퇴근한다고 가정하면 그 이후 활동은 비교적 자유로우니 메시지를 확인할 때는 마음이 조금 더 편안할 것으로 생각한 것이다.

힘들고 지쳤던 긴 일과를 마치고 집으로 가는 길, 지하철에서 어렵게 앉은 자리에 무심코 휴대전화를 열어보았는데 카카오톡에 메시지가 있어 확인한다. 초복을 앞두고 맛있는 삼계탕 밀키트와 함께 다양한 김치 종류가 할인한다는 메시지다. 기분 좋은 마음으로 맛있고 먹음직스러운 식품 사진을 보았을 때를 상상해보라. 당신은 어떻게 할 것인가?

이 한 번의 구매 경험으로 고객은 쿠폰, 할인, 세일이라는 것을 자연스럽게 기억한다. 집으로 가는 지하철에서 받았던 그 쿠폰으로 내가 샀던 음식의 추억. 그렇게 사면 저렴하니 다음부터는 그 플러스 친구 광고를 통해 음식을 사면 저렴하다는 것을 경험을 통해 인지하게 된다.

이렇게 똑똑해진 소비자들은 어느 시즌, 어떤 시간대에 구매하면 조금 더 현명하게 구매할 수 있는지 너무 잘 알고 있다. 서로가 서로에게 입소문을 내고, 또 SNS 광고 등을 통해 쉽게 구매 경로를 알 수 있다. 그만큼 현명한 소비자들의 니즈를 파악하고 상품을 판매해야 하는 판매자들은 그만큼 경쟁이 치열해졌다. 플랫폼을 운영하고 관리하는 MD의 고민은 항상 메인 시간에 어떤 제품을 노출하는 것이 가장 효율적인지 파악하는 것이다.

"어쩌면 저는 어제 실수를 저질렀는지도 모릅니다. 하지만 어제의 저도 여전히 저입니다"라고 이제는 세계적인 아이돌 그룹이 된

BTS의 리더 RM이 UN 연설에서 말했다. 일부 사람들은 이렇게 말하고는 한다. “그런 걸 다 맞추면 내가 신이지, 사람이냐고. 여기 왜 있냐고” 말이다. 여러 번의 반복적인 실수에도 우리는 경험과 결과를 통해 앞으로 나아갈 수 있다. 처음에는 광고 메시지를 보낼 때 한 가지의 상품만 발송했던 나였지만, 이제는 4가지 상품을 발송하는 것이 더 효율적이라는 것을 알았다. 그리고 꼭 상위 매출 상품을 발송하는 것뿐만 아니라, 유통기한이 임박하거나 시즌에 맞추어 밀고 싶은 상품, 소비자가 지금 사회적 이슈로 꼭 구매해야 하는 상품들을 자유롭게 보낼 수 있다는 것을 알게 되었다. 코로나19로 인해 구매가 힘들었던 손 세정제나 마스크처럼 말이다.

요일과 시간대에 효율 높은 카테고리 상품을 노출하는 것을 빠르게 이해하는 것, 그리고 푸시 또는 광고를 할 때 어느 요일, 어느 시간대에 노출해야 효율이 높은지 아는 것, 이것이 높은 성과를 올리는 방법인 것이다.

업무에서 인정받고 싶은 당신에게 워킹맘의 한마디!

시간과 타이밍, 이게 다 같아요?

남들이 다 똑같이 알고 있는 시간대에 다 좋은 상품이라고 말하는 상품을 노출해서 매출이 나왔다면 과연 그걸로 당신이 능력자라고 증명할 수 있을까? 모든 사람에게서 발견할 수 있는 욕구 중 하나가 바로 '인정받고 싶은 욕구'다. 우리는 사회생활, 그리고 가정에서 상대방에게 인정받기를 원한다. 아이든, 어른이든 우리는 끊임없이 누군가에게 필요한 사람이기를 원한다.

남들도 다 아는 높은 결과를 도출하는 방법을 실행하고, 그만큼만 노력한다면 과연 사회에서 인정받을 수 있을까? 이것은 기본이고 기초라고 생각한다. 여기에 심화활동이 더해진다면, 당신은 그 사회 또는 공동체에서 없어서는 안 될 존재가 되어 있을 것이다. 결과가 단시간 안에 바로 나오지 않는다고 해도 리더는 그것을 알 것이다. 당신이 그 결과를 얻기까지 한 노력을 말이다. 단순히 '열심히' 또는 '최선'이라는 단어로 업무에 임한다면 남들과 같은 결과를 도출할 것이다. 남들과는 다른 나만의 방법과 거기에 더해진 노력이 있다면, 그리고 그것이 기본과 함께한다면 당신의 몸값은 당신이 원하는 만큼 높아져 있을 것이다.

비싸도 구매하는 상품의 이유

오늘도 당신의 고객은 당신을 신뢰하고 있는가

어떻게 하면 영업왕이 될 수 있을까? 아무것도 모르던 워킹맘은 무심코 네이버에 영업왕, 판매왕을 검색해보았다. 정말 다양한 분야에서 영업왕들의 이야기가 쏟아졌다. 보험왕부터 자동차 판매왕까지 너무나도 다양했다. 그중에서도 익히 소문으로 들어 유명한 한성자동차의 신동일 이사의 전설적인 이야기를 읽게 되었다. 도대체 그 비싼 벤츠 자동차를 어떻게 판매하는 걸까? 구매한 고객에게 무슨 선물을 줄까? 시승할 때 다른 이벤트를 할까? 혼자서 다양한 추측을 하며 글을 읽어 내려갔다. 내용은 한결같이 한 문장으로 표현할 수 있었다. 내가 이해한대로 표현해보겠다.

'고객에게 나라는 사람이 가치를 제공할 수 있는지 확실하게 신뢰를 심어주고, 한결같은 사람이라는 것을 보여주면 된다.'

어떤 것도 노력 없이는 얻을 수 없다는 것이다. 그 쉬운 한 방이라는 단어도 어울리지 않는 것이다. 기회는 올 수 있어도 노력한 자만이 얻을 수 있고, 쉽게 얻은 것 또한 오래가지 못한다는 것. 나는 과연 고객을 위해 무엇을 준비했을까? 제조사와 미팅할 때 과연 복장은 알맞게 입고 갔는지, 대표님과의 미팅에서 중요한 부분을 기재하면서 임했는지 등 사소한 것부터 다시 되돌아보기 시작했다. 나에게는 고객이 소비자가 될 수도 있지만 제조사, 그리고 거래처, 유통사들이 고객이 될 수도 있기 때문이다.

'진심은 통한다'라고 늘 입버릇처럼 달고 사는 지인이 있었다. 나도 진정성만 가지고 경쟁하면 될 것이라고 생각했다. 내가 가진 무기인 성실함과 끈질김, 배우려는 태도와 열정. 그리고 우리 회사의 무기인 코어 밸류(바라, 감사, 책임, 열정, 배움)가 함께하면 된다고 말이다. 그러나 이것은 나의 생각이지, 고객의 생각은 아니었다. '고객의 마음을 움직이고, 얻으려는 노력은 나도 아직 멀었구나!'라고 다시 느끼며 인상 깊게 기사를 스크랩한 것이 기억에 남는다.

혹시 친구 따라 백화점에 갔는데 정말 의도치 않게 당장 필요하지 않은 상품을 구매한 경험이 있는가? 나의 경우는 아주 잦다. 내 주변 친구들은 그래서 나를 호구로 부르기도 한다. 왜 이 세상에 모든 물건은 나를 위해 만든 것 같은 느낌이 들까? 그래서 나는 쇼핑 시간이 아주 짧다. 필요한 것만 구매하고 나오는 것을 원한다. 그렇지 않으면 지갑이 텅 비어 있을 것만 같아서 그렇다.

이런 소비 패턴은 과연 판매자의 영업 멘트가 훌륭해서 그럴까? 아니면 비치된 상품이 조명과 음악과 환경에 너무 조화롭게 어우러져 분위기에 취해서 그렇게 구매하게 된 걸까? 나는 이것을 바로 '상품가치 연출 방법의 묘수'라고 생각한다. 상품을 돋보이게 해 소비자의 눈에 들어오게 하고, 상품을 배치하는 곳에 특별한 문구나 표기를 해 시선을 머무르게 한다. 그리고 어떤 분에게 추천이라는 표현을 해서, 마치 이것을 구매하는 분은 특별한 분임을 강조한다. 그리고 한정 수량이라는 느낌을 주어 지금이 아니면 구매하기 어렵다는 느낌을 주고, 희소성을 강조하는 것이다.

나는 이 경험을 명절 상품에 적용해보았다. 맡게 된 상품은 바로 '참치회'였다. 명절선물세트로 흔히 조기세트, 건강보조식품, 한과, 소고기세트 등 다양하게 많지만, 참치회라니 너무 참신했다. 또한 남편이 특히나 회를 좋아해서 더욱 쉽게 자문을 얻을 수 있으리라고 생각했다. 나는 번쩍 손을 들어서 해보겠다며 기회를 놓치지 않았다.

코로나19로 인해 촬영부터가 쉽지 않았다. 양사의 협의로 진행되는 프로젝트인 만큼 서로 일정 조율도 필요했다. 최소한의 인원

〈프리미엄 참치회 선물세트 참치대첩〉

[출처 : 저자 제공]

으로 촬영했고, 직업군이 서로 다르므로 촬영에 협조해주신 셰프님도 배려하려고 최대한 노력했다. 사진 촬영 시 우리가 원하는 구도가 나올 때까지 촬영하는 것은 현장 시스템과는 맞지 않았기 때문이다. 한 번의 촬영으로 사용되는 용도는 다양했다. 상세페이지, 띠지, 엽서, 홍보 동영상 등 다양하게 사용될 예정이었으므로 한 컷을 촬영해도 다양한 각도가 필요했다. 그렇게 촬영을 기한 내에 마치고 이제 영업만 남았다. 아무래도 신선식품이라는 특징과 함께 명절 대목에 진행하다 보니 배송 지연 시 식품이 상할 수도 있으므로 거래처에서는 진행을 꺼렸다. 그리고 해당 식품의 판매가 역시 참다랑어부터 바로 그 자리에서 식사하실 수 있도록 풀세트가 준비되어 있었기 때문에 배송비 포함 7만 원에 육박하는 금액이었다. 상품만 보았을 때는 금액이 비싸다고 느껴지지 않았으나 다른 명절 상품과 비교했을 때, 소고기세트 또는 조기세트를 구매해서 보내드리는 것이 더 보편적으로 보일 것도 같았다. 해당 선물세트는 3~5만 원대에 구매할 수 있었기 때문이다.

비교 대상 이용하기

사람들에게 생소할 것이라는 점은 인지하고 시작했다. 이미 상품의 고급화 전략은 기본 세팅이 완료되었다. 명절 일정에 맞추어 라이브 방송도 미리 잡아두었다. 연예인 섭외까지 완료되었다. 그렇다면 '정말 영업을 잘해야 하는데…' 하고 머리를 쥐어짜고 있을 때, 본부장님이 샘플부터 보내자고 제안하셨다. 먼저 샘플을 발송해 배송상태 및 식품의 컨디션을 직접 확인하게 해 거래처들을 안심시키는 게 우선이라고 생각했다. 상품의 가격이 있다 보니 샘플 수령 자체를 부담스러워하는 업체들도 있었고, 정산에 차감을 희망하는 업체도 있었다. 그래도 정말 이럴 때 감사하게 느껴졌다. 서로가 어떤 마음인지 알기에 배려하려는 느낌이었다.

그렇게 샘플 발송이 마무리되고, 나는 첫 번째 영업 멘트 작성 시 ○○참치가 A홈쇼핑, B홈쇼핑에서 명절선물세트로 완판되었던 것을 예로 들었다. 결코 생소한 제품이 아니라는 것을 강조한 것이다. 홈쇼핑 완판 사례는 매출 보장 멘트 중 하나고, 치트키라면 나름 치트키였다. 만약 첫 번째 작전이 통하지 않을 때를 대비해 나름 두 번째 작전을 준비했다.

단점을 장점으로 전환하기

보편적이지 않다, 가격이 비싸다는 회가 가진 특징 때문에 걱정된다 등의 다양한 이유로 진행 거부 의사를 밝히는 업체들이 생겨났다. 본부장님에게 참치대첩에 대한 영업 현황 보고를 준비하며 두 번째 작전을 생각했다. 해당 참치를 실제 라이브 방송으로 A연예인이 진행 예정이며, 현재 오프라인에서는 어느 가격대에 판매중이라는 것을 강조한 것이다. 인지도가 없는 참치대첩이지만 그 제품을 성실하기로 유명한 A연예인이 직접 라이브 방송에서 추천 명절선물세트로 진행 예정이라는 점, 오프라인에서는 실제로 10만 원 이상의 프리미엄세트로 판매 중인 상품을 현재 특가로 이 가격대에 구매 가능하다는 점, 그리고 신선 배달을 위해 드라이아이스, 그리고 당일 배송을 위해 고품격 셰프들이 매일 로테이션으로 준비하고 있다는 점을 강조했다.

이렇게 고객들의 의견을 수렴하고 단점을 감추어 멋있게 연출했다. 그 결과, 목표 매출 대비 높은 성과를 거두지는 못했지만, 진행하고 있던 다른 명절 상품 대비 좋은 결과를 가져다주었고 실제 해당 월 나의 매출에 큰 영향을 주었다. 그리고 무엇보다도 내 경력에 큰 도움을 주었다고 믿어 의심치 않는다.

스토리가 매출을 키운다

엄마는 스토리텔러

얼마 전 〈스트릿 우먼 파이터〉라는 방송 프로그램이 화제 속에서 방영되었다. 대한민국 최고의 스트릿 여성 댄스 크루를 찾기 위한 리얼리티 서바이벌 프로그램이라는 타이틀로 사람들의 주목을 받았다. 개인적인 시선에서는 '우먼 파이터'라는 타이틀만 보았을 때 권투를 이미지화했는데 댄서들의 이야기라고 하니 더욱 흥미진진해 보였다. 그렇게 나는 해당 프로그램을 매주 챙겨보게 되었고, 팬이 되어버렸다. 그 프로그램은 어느덧 회사 안에서도 인기여서 직원들 사이에서도 화젯거리가 되었다. 나는 문득 생각했다. 우리가 판매하고 있는 상품도 누군가의 기억 속에 이렇게 자리매김하면 좋겠다고 말이다.

하나씩, 둘씩 상품을 소싱할 때, 나는 늘 우리 아이에게 필요한 제품, 우리 가족에게 필요한 제품들을 먼저 생각해서 소싱의 우선 순위를 정했다. 그리고 시즌에 맞는 제품을 찾았다. 모든 제품에는 스토리가 있을 것이다. 나 역시도 소싱에 스토리가 담겨 있는데, 그중에서 내가 소싱한 제품과 함께 자사 제품을 소개해보려고 한다. 그리고 그 스토리들이 기획에 어떻게 표현되어 매출에 어떤 영향을 끼쳤는지 함께 살펴보면 좋겠다.

엄마에게 안심과 쉼을 선물하는 육아템

내 딸아이가 좋아하면 무엇이든지 좋다고 생각했다. 그리고 안전성 검사까지 통과했는데 무엇을 망설이겠는가! 나는 바로 제조사에 전화해서 상품을 판매할 수 있는지 확인했다. 그 당시 나는 MD를 시작한 지 1년도 안 된 초짜 신입이었다. 상품을 진행하지 못하게 한다고 하면 '대표님을 찾아뵙고서라도 받아 와야지'라는 심정일 만큼 간절했다. 상품 진행에 대해 문의하기 전 제조사에 관해 확인했고, 수입사였기 때문에 제품 원청에 관해서도 확인했다. 업체에 대해 알아갈수록 진행하고 싶은 의지는 더욱 간절해져만 갔다.

요즘 같은 정보의 바다 시대에는 제품명만 치거나 KC 인증번호만 입력해도 어떠한 제품인지부터 실제 사용해본 사람들의 리뷰까지 쉽게 알 수 있다. 특히 육아 관련 제품을 진행할 때는 더욱더 꼼

〈슬라이미 상세이미지 일부〉

[출처 : 저자 제공]

꼼꼼하게 확인하고 진행해야 한다. 한국말 표기 사항이 제대로 되어 있고, 법 테두리 안에서 모든 것들이 실행되었는지 말이다. 그리고 가장 중요한 것은 안전성이다. '스위스가 엄선한 제품'이라는 해당 문구 하나에 안심이 된다. 그리고 실제로 딸아이를 모델로 해서 상세이미지를 제작했다. 행복해하는 아이를 보니 안심되었다. 당시 세 살이던 딸은 원인 모를 알레르기와 만성 두드러기를 앓고 있어, 아이가 쓰는 물건에는 민감하다면 나름 민감한 나였기에 해당 제품을 사용 후 멀쩡한 아이의 손을 보고 너무나도 감사했다. 이런 내용을 실제 노출하는 피드에 담아서 함께 판매했더니, 준비한 4,000개의 수량을 1개월 안에 1차 완판하게 되었다. 그렇게 토이마스터 업체와의 첫 거래가 행복한 결과를 가져왔고 우리 회사는 계속해서 상품을 공급받게 되었다. 함께할 수 있음과 믿고 진행하게 해주신 것에 다시 한번 깊이 감사드린다.

누구나 알 만한 대형 브랜드와의 협업

뷰티 제품 중에 브랜드 인지도가 높거나 리뷰가 높은 제품들은 소싱하는 것 자체가 거의 불가능한 경우가 다반사다. 전화, 이메일, 지인 찬스 등 다양한 루트를 통해 본사에 상품문의를 해도 이미 벤더사를 통해 판매를 진행하거나 본사에서 직접 판매하고 있어서 상품을 받기는 어려운 상황이다. 그래도 '열 번 찍어 안 넘어가는 나무 없다'고 하지 않았는가.

여성에게 정말 필요한 제품이 무엇인지 고민하고 있을 때, 여러 번 상품을 제안받아 인사드렸던 거래처 본부장님이 여성 이너뷰티 브랜드 제나셀로 이직하셨다는 말씀에 바로 문의드렸다. 너무나도 감사하게 상품을 공급받아 복지몰, 폐쇄몰 등에 판매할 수 있는 기회를 얻었다. MD로서 대형 이너뷰티 브랜드와의 컬래버레이션은 큰 의미였다. 평소 라디오, TV 등에서 여러 유명인이 광고하는 것은 물론이고, 이미 여성 이너뷰티로 입소문이 자자한 제품이므로 가져만 온다면 상품 매출은 당연히 받쳐줄 것이라고 예상했다. 하지만 이와 반대로 상품의 가격대가 우리가 판매하고 있는 시장과는 다를 수 있다는 변수를 예측하지 못했다. 매출 부분에서 큰 성과를 보여드리지는 못했지만, 제품을 소개할 수 있는 영광을 주신 것에 감사 인사를 드린다.

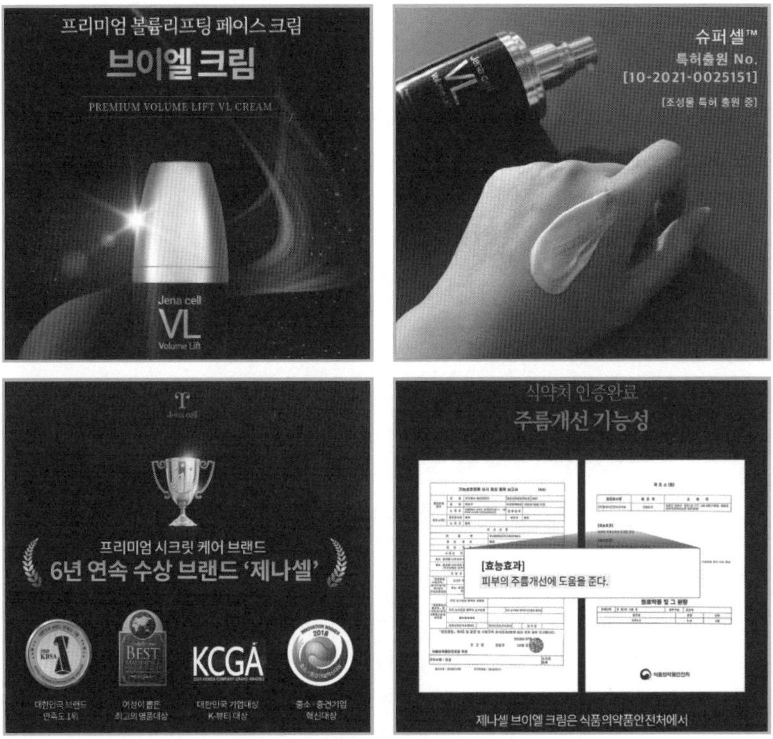

〈제나셀 VL크림 상세페이지 중 일부〉

[출처 : 바라커뮤니케이션]

고객이 스토리 하나로 스스로 찾아오게 하는 방법

한번은 딸아이에게 책을 읽어주며 개미에 관해 알게 되었는데, 일개미에게도 계급이 있다는 것이다. 일개미 중 젊은 일개미들은 아기들을 돌보고, 둥지를 깨끗하게 하는 유모 역할을 한다. 나이가 더 많은 일개미의 경우 둥지 입구 근처에서 지내거나 그 근처 바깥을 다니며 먹이를 가져오는 일을 담당한다. 나는 만약 내가 일개미라면 여왕개미가 몹시 부럽겠다고 생각했다. 단지, 일하지 않아서일까? 그렇다기보다 '음식을 가져다주어서'였다. 그럼 이것을 내 업무와 비교해보면, '어떻게 하면 고객이 스스로 나에게 제품을 제공해달라고 할까?'라는 질문으로 이어질 수 있다. 내가 할 수 있는 범위 안에서 생각해보면 영업을 잘하는 것인데, 그렇다면 영업에 우선순위를 정해보기로 했다. 어느 곳에 먼저 상품을 판매하면 소문이 날까? 정답은 가장 영향력 있는 곳에 상품을 판매하고, 그곳에서 해당 제품의 판매력이 인정받는다면 고객이 스스로 나에게 온다는 것이다. 그렇다면 지금 당신이 해야 할 일은 무엇일까?

판매하고자 하는 **상품**을 소개해보자!

알기 쉽게!

TIP | 워킹맘이 말하는 상대방이 이해하기 쉽게 설명하는 세 가지 꿀팁!

- 전달하고자 하는 내용 정리하기
- 상대방에게 나와 관련된 일이라고 생각하게 만들기
- 상대방의 언어를 사용해 전달하기

BeSt SelleR

Best
Selle

5장

끄덕이고, 빠져들고, 사게 만들어라

Best Seller

팔리는 상품의 힘

상품의 이용 가치를 제시하라

영문학과 출신의 워킹맘, 쇼핑을 싫어했던 과거, 숫자보다 글을 좋아하는 취향, 특별나게 자랑할 것이나 잘하는 것도 없다고 여기며 살아온 30대 중반의 여성. 이것이 나다. 뒤늦게 알게 된 e커머스 시장과 MD라는 직업은 나에게 새로운 도전이었다. 내려놓고 싶고, 도망치고 싶고, 전업주부로 살고 싶은 순간은 자주 찾아왔다. 시간이 지날수록 발전이 보이는가 싶었다가도 다시 제자리걸음 같아 보였다. 버티는 게 답이 아니라고 여기며 열정은 점점 사라져만 갔고, 출근길이 가시밭길을 걷는 것만 같았다. 그 스트레스를 점심시간 이후 마시는 커피와 달콤한 음료로 풀게 되어 입사 후 인생 최대의 몸무게를 찍기도 하며 다양한 변화를 겪었다. 그렇게 변화 속에서 나아지는가 싶었는데, 변곡점은 계속해서 나타났고, 그때 나는 새로운 사회생활에 부적응한 '나'를 느낄 수 있었다.

론다 번(Rhonda Byrne)의 《시크릿(The Secret)》에 이런 문구가 있다. "사랑이라는 감정은 우리가 전송할 수 있는 가장 높은 주파수의 파장이다. 더 큰 사랑을 느끼고 내뿜을수록, 더 큰 힘을 이용할 수 있게 된다."

모든 것을 내려놓고 육아휴직을 하겠다고 본부장님에게 말씀드렸던 순간, 나는 이제 퇴사라고 생각했다. 말은 육아휴직이라고 했지만 말이다. 본부장님은 금요일까지 다시 한번 생각해보라고 하시며 나를 자리로 돌려보냈고, 그렇게 나는 지금까지도 내 자리를 지키고 있다. 그 시간이 지난 후 조직개편이 있었고, 나는 월 매출 2억 원을 올리는 워킹맘이 될 수 있었다.

혼자서는 할 수 없던 일을 모두가 뭉치니 할 수 있는 결과로 바로 나타났다. 이것은 나라서 한 게 아니라 그 어떤 MD도 할 수 있었을 것이다. 그렇게 우리는 트레이닝을 받았다고 생각한다. 같은 목표를 세우고, 매일 아침 9시 30분 하루 계획 앞에서 서로의 업무를 공유하며 협력할 부분을 나눔으로써 더욱 단단해졌다. 시장의 흐름이 좋든 그렇지 않든 이제는 더 이상 실적의 핑계가 될 수 없음을 인지했다. 모두가 어렵다. 그런 상황 속에서 매출을 올리는 것이 나의 목표고, 또 달성하는 것이 살아남는 비결이라고 생각하고 매번 난관 앞에서 전략을 세웠다.

'왜 나에게만 이럴까? 왜 나만 혼자라고 느껴지지?'

이런 부정적인 생각들이 나의 하루하루를 잡아먹지 못하게 매일 아침 필사를 하며 하루를 시작했다.

> 나는 매일 모든 면에서 나아지고 있다.
> 월 목표 매출 3억 원을 달성한다.
> 순이익 7,000만 원을 달성한다.

아침 출근길은 유튜브를 통해 다양한 강연을 들으며 자기 계발 및 영업에 관련된 자료를 듣고, 고객을 설득하고 나 자신이 쓰러지지 않고 일어서는 방법 등을 주제로 공부했다. 스스로 그렇게 변화하니 결과도 변화되는 과정을 눈으로 확인할 수 있었다. 기존에 제한적이었던 판매 상품들이, 조직개편을 통해 전체 상품을 판매하게 됨으로써 월 매출을 고정적으로 받쳐주는 상위 제품들과 시즌 제품들로 세분화해서 판매할 수 있게 되었다. 거래처 중 제조사를 더 많이 확보하게 되어 연락조차 하기 힘들 수 있는 대형 브랜드의 고위 임원들과도 소통하게 되었다. 그렇게 연락받게 된 분들이 내게 주신 말씀은 너무 감사했다.

"소문 많이 들었습니다", "잘 부탁드립니다", "그 어떤 거래처에도 준 적 없던 상품입니다", "기존 거래처와는 거래하지 않고 여기에 맡기고 싶습니다", "많이 못 팔아도 좋습니다. 계속 같이 가시죠. 오래가야죠"와 같은 말들, 특히 "많이 못 팔아도 좋습니다. 계속 같이 가시죠. 오래가야죠"라는 이 말이 나에게는 가장 마음을 요동치게 했다. 많이 팔아서 더 오래가게 만들고 싶었다. 이것이 솔직한 우리의 마음이지 않을까?

팔리는 상품을 알고 판다면 누구든 쉽게 판매왕이 되어 있을 것이다. 그렇다면 팔리는 상품에는 무엇이 있길래 그렇게 1차, 2차, 3차를 넘어 23차까지 완판이 될까? 그 이유는 제품이 정확하게 주인을 잘 만나서다. 팔리는 제품은 그 제품이 필요하고, 만족해하는 사람들에게 판매되었고, 그들을 통해 스스로 입소문이 났다. 그래서 자연 재구매가 이루어진 것이다. 실사용자들의 만족도를 충족시킨 상품의 퀄리티, 사용자의 리뷰 등을 통해 상품 상세페이지 및 결제창에서 볼 수 있는 그 팩트들로 인해 소비자의 시선을 사로잡은 것이다. 상품의 이용 가치를 제대로 제시한다면 소비자들은 반드시 재구매한다. 그리고 그 이용 가치를 일으키는 방법은 앞에서 언급했던 다양한 방법들뿐만 아니라 내 개인 유튜브, 블로그를 통해 자세하게 설명해놓았으니 참고하면 좋겠다.

상품 상세페이지 기획자라면 누구라도 자신이 기획한 페이지가 소비자의 시선을 한 번에 사로잡기를 희망한다. 전달하고자 하는 내용이 초 단위로 전달되어 소비자에게 구매 욕구를 일으키기를 희망한다. 팔리는 상품은 그들만의 언어와 시각이라는 힘을 가지고 있다. 그리고 팔리는 시기가 있다. 예를 들어, 신상품 판매의 경우 그 어느 것보다 두드러지게 강조하는 문구를 사용한다거나 이벤트를 내세울 수 있다. '드디어', '결국' 등의 문구를 내세우는 것이다. '결국 일냈습니다. 국내 최초 특허 출원 신상품!'과 같은 문구다. 그리고 팔리는 상품에는 소비자의 시선을 끄는 이미지의 힘이 있다. 그들만의 컬러와 생동감, 그것이 시선을 사로잡아 바로 결제창으로 이끈다. 그것이 상품 자체의 힘일 수 있고 때로는 상품 인지도, 혹은 가격 경쟁력일 수 있다. 그것을 노출하는 것 또한 기획력이다.

팔리는 상품을 기획할 수 있는 것은 누구에게 이 제품이 필요하고, 누가 언제 사야 하는지를 정확히 알고 있기 때문이다. 그것을 알고 그 흐름에 맞춰 상품을 준비하는 자가 바로 팔리는 상품을 판매하는 사람이다.

3초 이상 시선을 머무르게 하는 상품의 비밀

어머 이건 내거야

요즘 고객들은 상품이 필요해서 구매하기도 하지만 단순하게 돈을 쓰는 것을 즐기기 위해 혹은 스트레스 해소용으로 구매하기도 한다. 어떻게 하면 상품의 필요성을 느끼지 못하는 고객까지도 나의 상품을 사야 한다는 확신을 심어줄 수 있을까?

소비자들에게는 다양한 제품을 볼 권리가 있다. 그리고 실제로 하루 24시간 여러 상품에 노출되어 있다. 나 또한 내 상품이 노출되도록 가능하다면 무조건 이벤트를 기획했다. 예를 들어 한시적으로 이벤트가 가능하다면 기간 명시와 함께 1+1, 2+1 등의 아이콘을 넣는 것이다. 고객은 같은 가격을 주고도 하나 또는 추가로 무엇을 얻을 수 있다는 확신이 드는 순간 해당 페이지에 시선을 둘 것이다. 그렇다면 1차 작전은 성공! 자, 그렇다면 이제 본격적으로 지갑을 스스로 열도록 해야 한다. 그러려면 단순히 이벤트 멘트에서 그치지 말고 해당 제품을 왜 이 시기에, 왜 꼭 여기서 사야 하는지의 당위성을 설명해주는 페이지를 기획하자. 한여름일 경우, 지금 모기 패치 1개를 사시면 1개를 더 준다고 가정하면 당연히 이곳에서 1+1로 구매하려고 할 것이다. 실제 구매페이지로 들어갔을 때 상품명은 모기 패치 1+1인 줄 알았으나 옵션은 1개, 1+1개, 1+1+1개 이렇게 구성되어 있다. 고객들은 이미 안다. 옵션의 구성대로 택배가 발송되는 것을 말이다.

소비자의 관심을 끌어 다양한 상품들 사이에서 시선을 끄는 것에 성공했는데, 그것이 다름 아닌 상품명과 섬네일이 큰 역할을 차지했다면, 이번에는 소비자의 도움을 받아 소비자의 시선을 끌어보자. 바로 구매자들의 누적 판매 수량 또는 사용자 리뷰의 수량 또는 데이터(보기 방식에 따라 다름), 만족도 등의 데이터를 노출하는 것이다. 만약 해당 상품이 5만 개 이상의 판매를 기록한다면 이것을 노출하지 않을 이유가 없다. 그러니 상품명 하단에 이러한 데이터를 노출한다면 소비자는 분명 생각할 것이다. 해당 제품이 많이 판매되는 이유가 분명 있을 것이라고 말이다. 통계자료를 활용해 상대를 이해시키고, 설득하는 방법이야말로 가장 확실한 정통의 승부수 아닌가.

통계 데이터를 통해 소비자들은 해당 수치가 정확한지는 알 방법이 없다. 하지만 이것만은 확실하다. 그들의 관심을 끌었고, 호기심을 자극했다는 것이다. '도대체 무엇 때문에 이렇게 많은 구매자와 후기가 있는 걸까?' 만약, 그런 상품이 특정 기간 스페셜 이벤트를 한다고 가정해보자. 소비자는 그야말로 기회라고 생각하고 바로 구매페이지로 들어갈 것이다. 때로는 통계들이 소비자에게 직관적으로 다가오지 않을 수 있다. 몇천 개도 아닌 3만, 5만 개라는 판매 수량이 믿어지겠는가. 하지만 추가적인 설명이 없어도 호기심을 자극하고, 마치 해당 상품은 이미 나 외에 다른 고객들이 찐으로 인정한 상품이라고 추측할 수는 있을 것이다. 그만큼 실제 사용자들의 리뷰와 구매 수량이라는 통계의 힘은 강하다. 나 외에 다른 사람들은 해당 제품을 어떻게 받았고, 평가했는지 다른 구매자의 리뷰를 확인함으로써 새로운 정보 및 예상치 못했던 내용을 확인할 수 있고, 판매량을 통해 판매량 대비 부정적인 후기 수가 많지 않다면 대다수 고객이 만족했다는 뜻이라고 긍정적으로 추측도 할 수 있기 때문이다.

통계자료를 사용했다면 그 외에 정확한 상품에 대한 정보, 즉 숫자에 의미를 부여해 스토리로 만들고 고객의 시선을 끌자. 웅진북클럽의 경우 패드 안에 다양한 책들이 담겨 있다. 그 패드를 통해 독서부터 온라인 학습까지 할 수 있는 플랫폼을 제공하고 있다. 카피 문구로 "도서관을 통째로 담았다"를 사용한다. 하지만 이 문구를 그대로 사용하지 않고 "120여 개 출판사의 영역별 도서를 담았습니다"라고 말한다. 이렇게 간단하게 "다양한 책과 카테고리가 있다"라고 설명해도 될 부분에 스토리를 더해 정확히 얼마나 많은지와 마치 전문인들이 선별해 책을 추천하는 느낌을 주었다.

언젠가 현재 메인으로 판매하는 시장과 맞지 않는 상품을 제안받은 적이 있다. 그럴 때는 냉정하게 판매가 어려울 것 같다고 할 수도 있지만, 테스트 후 피드백을 드리겠다고 말한다. 만약 그 상품이 다른 시장에서 반응과 전환이 잘되어 높은 매출을 가져올 수도 있지 않은가. 그럴 때 나는 상품명의 할인에 관한 이야기를 꼭 포함한다. 예를 들면 일부러 상품 가격 안에서 무료배송을 제공할 수 있다면, 무료배송 조건을 어필한다. '(무료배송)상품명'을 기재하는 것이다. 또는 '360도에 구운 OO먹태' 이렇게 말이다. 소비자는 바로 내가 얼마만큼의 금액을 할인받는지 직관적으로 알려줄 때 시선을 멈춘다. 그럴 때 '단돈', '오직 여기서만', '지금부터 1시간만' 등 시간, 장소 등의 한정적인 단어 등을 함께 사용하면 더욱 효율적으로 부각시킬 수 있다.

정확한 숫자 및 통계 데이터를 사용했는데도 어떠한 변화가 없다고 가정해보자. 그 고객에게는 미련을 갖지 말자. 앞서 말했듯이 상품에도 자기에게 맞는 주인이 있다. 그 고객이 주인이 아닐 수 있으므로 새로운 주인을 찾아주는 것이 더욱 빠를 수 있다. 그 사람에게 소모할 시간에 다른 곳에서 애타게 기다리고 있는 고객에게 소개해 더욱 넓은 시장으로 나가도록 노력하자. 반드시 위기 속에서 새로운 기회가 오고, 그 안에서 답을 구하려고 한다면 답은 꼭 있다. 금액이 높은 상품에는 무료배송 전략과 기간 한정 세일 이벤트를 더해 고객들에게 구매 부담을 줄이는 방법을 사용할 수 있다. 이외에 한정 수량 또는 유통기한 임박 상품의 경우, 묶음 옵션을 기획해 한 번에 대량구매가 가능하도록 유도할 수도 있다. 때로는 고객에게 해당 상품이 오직 고객을 위한 상품으로 기획된 것처럼 세트 구성을 메인 키워드로 내세우고, 한정 수량이라는 마법의 숫자를 내세워 고민의 여지없이 바로 지갑을 열도록 유도할 수도 있다. 하나씩 경험을 통해 배우고 익히면서 기쁨도 좌절도 모두 느껴보며 한 계단씩 앞으로 나아가는 나를 보며 모든 것에 감사함을 느낀다.

언어로 설득하고 이미지로 이긴다

스키마 일치시키기

매월 회사에서 갖는 독서 모임 때 나는 앞서도 잠깐 언급했던 손정의 회장과 스티브 잡스의 거래 내용에 대한 부분을 나누었다. 메인 업무 중 하나인 영업, 그중에서 특히, 협상과 설득 부분에 있어 나는 항상 갈급함이 있었다. 유튜브와 다양한 책을 통해 알게 된 협상 사례들 속 손정의 회장의 에피소드는 정말 너무나도 환상적이었다. 아이폰이 세상에 출시되기 전 소프트뱅크의 손정의 회장은 스티브 잡스를 찾아가 아이팟에 모바일 전화 기능을 추가한 제품을 스케치한 것을 보여주며 거래를 제안했다. 해당 휴대전화가 출시된다면 일본의 독점권을 줄 수 있는지, 계약서에 명시해줄 수 있는지 물었다. 이미 출시 계획을 갖고 있던 스티브 잡스는 제안을 거절했다. 손정의 회장은 그렇게 기회를 기다리고 있었고, 스티브 잡스에게 정확하게 '이것'을 제안하면, 거절할 수 없다고 확신했다. 바로 실행해 옮긴 그는 성공했다. 그것은 바로 앞서 한 번 이야기했던, 아이팟 재고 전량을 현금으로 사주고 일본 시장의 아이폰 독점 판매권을 '소프트뱅크 모바일'에 부여하는 것이었다.

이 사례를 설명하며, 나는 코로나19가 장기화되고, 오히려 다시 확대되고 있는 확진자 추세로 인해 현재 시장이 처한 어려움을 설명했다. 또한 거래처들이 현재 순이익 구조를 높이기 위한 전략 등 다양한 사유로 어려움을 겪고 있다고도 이야기하며, 해당 사례를 바탕으로 우리 회사 역시 거래처들을 직접 찾아다녔고, 제품을 하나씩 소개했던 과정, 그러면서 우리의 진정성과 거래처와의 협업을 통해 나온 결과 등을 이야기 나누었다. 영업자는 물론 결과를 숫자로 평가받고, 보고받는 이들의 기대에 못 미치는 결과일 수 있으나 나 자신은 내 처음을 알기에 너무 감사하고 소중했다. 계속해서 앞으로 나아갈 수 있다는 확신을 심어주었기 때문이다. 이 사례를 설명하는 과정에서 손정의 회장과 스티브 잡스의 사례를 우리 회사와 비교했더니 일부는 동의와 함께 격려해주었고, 다른 일부는 비교 대상이 아니라고 말했다.

여기서 나는 내 말을 찰떡같이 모두 알아듣는 사람은 찾기 어렵다는 것을 다시 한번 깨달았다. 머릿속에 그리는 이미지는 같아도 그 이미지로부터 연상되는 주변 정보는 달라서 해석 또한 서로가 다른 것이다. 내가 전달하고자 하는 단어가 상대방 개인의 경험과 지적 수준에 따라 다를 수 있음을 인지한 상태에서 기획을 시작해야 한다는 것 또한 깨달았다.

사람을 설득하는 상세페이지를 기획할 때는 대전제를 '상대방은 나와 같은 생각을 하지 않다'로 시작한다. 그런데 여기서 흥미로운 점을 발견했다. 우리가 흔히 사용하는 문장 중 '입장 바꿔서 생각해 봐'라는 말, 만약 소비자와 내가 같은 입장이 된다면 즉, 내가 소비자의 언어를 사용한다면 조금 더 쉽고 공감이 가는 상세페이지를 기획할 수 있을 것이다. 그래서 기획의 중요한 첫 단추는 고객 정의이며 그 후, 고객이 사용하는 언어를 사용해서 설득해야 한다.

참 신기하게도 여섯 살 딸은 엄마인 나에게 비밀을 털어놓지 않을 때가 있다. 그렇게 털어놓지 못하는 비밀은 그대로 이모할머니에게 전달된다. 처음에는 내심 이런 것이 서운했다. 하지만 어떠한 이유에서인지는 모르겠으나 엄마에게는 말하고 싶지 않은 비밀이 있겠거니 생각하고 나면 또 마음이 가벼워졌다. 그러던 어느 날, 이모할머니와 딸의 대화를 듣게 되었다. 나이 차이가 50이나 되는 두 여자는 서로 같은 수준으로 대화를 나누고 있었다. 이모할머니는 여섯 살 아이의 언어를 사용해서 맞추어주고 있었고, 덕분에 그 아이의 신뢰를 얻어 엄마도 모르는 비밀까지 알 수 있었다. 고객의 눈높이에 맞추고 그들이 사용하는 언어를 사용함으로써 신뢰를 얻을 수 있다는 것을 조금만 더 세심하게 주변을 둘러보았다면 빨리 알 수 있었을 것이다!

보는 만큼 믿음은 2배

"보지 않고 믿는 자가 복되다"고 했던 성경 구절이 떠오른다. 하지만 요즘 같은 시대에 누가 보지 않고 믿을까? 명백한 자료를 제시해도 위조 또는 허위라며 다시 증명하라고 하는 시대가 바로 오늘날이다. 만약, 제품에 대한 확신이 부족하다면 다른 사람들이 실제 사용하고 남긴 사용자 리뷰 또는 Q&A를 확인해서 제품에 대해 조금 더 세심하게 살펴보는 소비자도 있다.

오늘날 소비자는 정말 현명하다. 단 1만 원의 상품을 구매해도 리뷰를 확인하고, 판매 수량과 고객에 대한 서비스 반응까지도 확인한다. 그래서 이미지, 동영상 등 다양한 시각화 자료를 사용해 상품을 적극적으로 노출해 소구점을 드러낸다. 섬네일 기획 시 다양한 정보를 주려고 하는 욕심이 때로는 마이너스 요인으로 다가올 때가 있다. 너무 많은 정보로 인해 가독성을 떨어지게 하거나 상품의 장점을 드러내지 못할 수 있다는 것이다. 그래서 무엇을 말하고자 하는지 제대로 전달되지 못할 수 있다. 이때 판매자는 반드시 자신이 판매하려고 하는 상품에 대해 광범위하거나 정리되지 않은 핵심 정보들을 주는 것으로 소비자에게 구매를 망설이게 하지 말자.

때로는 직관적이고 간략한 설명이 소비자에게는 더 쉽고 호소력 있게 전달될 수 있다.

예를 들어 문구 또한 이미지화하는 것이다. 제품이 다양한 인증서를 획득해 그만큼 안전성이 보장된다고 강조하고 싶을 때는 모든 인증번호와 내용을 한 페이지 안에 기재하기보다는 마크를 사용해서 상품과 함께 배치하는 방법을 활용하자. 그렇게 하면 소비자는 한눈에 해당 제품은 안전 인증을 받은 상품이라는 것을 알 수 있다. KC인증마크와 해썹(HACCP)인증마크가 대표적인 예다.

소비자들에게 단순한 문구와 이미지를 사용해서 필요하고 '당장 사야 나에게 이득'이라는 것을 강조한다면 지갑은 열릴 것이다. 그 이미지, 즉 섬네일에는 소비자의 언어를 사용하고, 핵심 정보를 다루는 이미지를 부각한다. 제품이 다양한 강점을 갖고 있다면 그것 또한 숫자, 인증기호나 마크를 이용해서 간결하게 표현해주자. 소비자는 당신의 기획에 설득당해 보는 순간 구매페이지로 눈길과 마음이 움직이고 있을 것이다. 지금 당신이 이 책을 구매해서 해당 페이지를 읽는 것처럼 말이다.

당신에게 주어진 1장의 페이지에 승부수를 던져라!

시각화로 지갑을 여는 방법

소구점+차별화=창조적 슬로건

고객들은 단순히 당신의 물건을 사기 위해 바쁜 시간을 들여서 쇼핑몰이나 웹사이트, 앱, 스마트 스토어에 들어온 것이 아니다. 그들은 적극적으로 자신의 권리를 찾기 위해 여기저기 찾아보고 최저가를 검색하며 어디에서 구매해야 나에게 가장 큰 도움이 되는지 알아보고 난 후 당신에게 와서 구매를 결정하는 것이다. 점점 똑똑해진 고객은 무엇을 더 얻을 수 있는지 알면 구매한다. 그들이 원하는 것은 내가 여기서 이 상품을 사야만 하는 이유다. 그 부분만 긁어준다면 바로 지갑은 열릴 것이다.

벤치마킹 or 경쟁자의 단점을 세련되게 돌려까기

한번은 잠이 오지 않아 TV채널을 바꿔가며 여기저기 홈쇼핑에서 판매되는 상품을 확인하고 있었다. 늦은 밤 또는 새벽에 홈쇼핑에 나오는 제품들의 경우 실제 갱년기 주부들이 불면증에 시달리면서 시청하는 패턴이기도 해서 관심 있게 보고 있다. 한번은 너무나도 맛있어 보이는 김치를 방송하고 있었다. 그때 경쟁사에서 다른 연예인이 김치 방송을 한다며 설명해주는데 나는 이게 너무 충격적이면서도 멋져 보였다. 쇼호스트는 그 연예인은 촬영하느라 연예인 활동하느라 바빠 집에 아줌마 두고 살림할 텐데 그 김치랑 비교하지 말라며, 자신이 판매하고 있는 김치에 대해 타사와 비교할 수 없는 김치라며 설명을 이어나갔다. 저렇게까지 설명하는데 안 살 수 있을까? 얼굴을 걸고 상품을 판매하고 있는데 말이다.

SUV를 구매하려는 사람들 중 수입차를 구입하려는 사람들에게 인기가 높은 것이 랜드로버다. 그러나 실상 랜드로버 실사용자들의 평을 들으면 잦은 잔고장, 차량 수리 기간에 대한 클레임 등 부정적인 평도 흔히 볼 수 있다. 그런데도 랜드로버에서는 일관성 있게 "SUV를 제일 잘 아는 랜드로버로 오라"고 광고한다. 그 이유는 무엇일까? 벤츠, 람보르기니, 롤스로이스, 벤틀리, 마세라티 등 다양한 명품 차라고 불리는 회사들 역시 SUV를 보유하고 있지만, 랜드로버는 첫 번째 SUV 생산 역사를 가지고 비교했다. 마세라티의 르반떼, 람보르기니의 우르스, 롤스로이스의 컬리넌 등의 공통점은 그 회사의 첫 SUV라는 것인데, 첫 프로토타입에 대한 리스크와 시행착오를 겪을 필요 없이 "영국 왕실의 역사와 함께한 랜드로버를 선택하라!"는 그들이 내세우는 로열티 전략이다.

이런 비교 대상을 상세페이지에 담고 고객이 해당 제품을 구매하는 것이 얼마만큼의 가치가 있는지 전달하는 것이다. 하나의 스토리를 통해 가치를 부여함과 동시에 제품에 대한 로열티까지 갖게 하는 것, 이것이 스토리의 힘이자 충성 고객을 만드는 방법의 하나다.

매출을 끌어당기는 상품명

이상하게 한 번만 들어도 계속해서 기억에 남는 상품이 있다. 그 이유는 상품명에 있다. 머릿속에 가장 깊이 남아서 오랫동안 머물게 하는 상품명의 힘. 내가 무엇을 사려고 하는데 그것의 이름을 모른다면 어떻게 구매할 수 있을까? 지금은 문구, 단어 하나로 돈을 벌 수 있는 시대다. 사람들을 사로잡는 단어 하나가 사람들의 시선을 주목시키고, 입소문이 나게 만든다. 힘이 실리고 전달력이 높아지는 상품명은 무엇이 다를까?

상품 이름에는 그 제품의 소구점이 담겨 있어야 한다. 그리고 감정이 포함되어 있어야 한다. 실제로 타사 제품들을 봐도 제품명들이 다양하고 너무 특색 있다. '주름제거크림', '주름순삭크림', '욕세럼', '눈 건강 루테인 지아잔틴', '호랑이앰플' 등 이름만 들어도 어떤 역할과 효능이 있을지 추측이 된다. 상품 이름이 그 상품의 소구점을 그대로 전달해 고객의 시선을 더욱 사로잡게 만든다.

기본에 충실하자

어느 날 딸아이가 5만 원 지폐에 그려진 여자에 관해 물었다. 그리고 지폐마다 색이 다른 이유와 그림이 다른 이유를 물었다. 순간 나는 몹시 당황했다. 5만 원 지폐는 신사임당이라는 것을 기억했지만 순간적으로 5,000원, 만 원의 차이를 설명하려고 하니 머리가 멍해졌다. 돈을 좋아하는 내가…. 어떻게…. 내가 기억을 못 한다는 사실에 스스로 놀랐다. 그러면서 이런 생각이 머리를 스쳤다. '나 역시 그렇게 좋아하는 돈에 대해 기억도 못 하는데, 고객들은 내 상품을 어떻게 기억하지?' 늘 보고 좋아한다고 해서 상세하게 기억하는 것만은 아니었다. 그렇다면 사람들에게 기억에 남고 오래가는 상품을, 그리고 반드시 내 것으로 만들고 싶은 상품을 만드는 방법은 무엇이 있을까? 보자마자 '이건 내 거야!'라고 생각하게 만드는 그 방법말이다.

"브랜드도 사람처럼 차별화된 개성이 있는 존재"라고 브랜드 마케팅의 대가 데이비드 아커(David A. Aaker)는 말했다. 그 개성을 표현하는 이미지에 제품 소구점을 표현하고 차별화를 주는 것이다. 브랜드 인지도에 따라 같은 카테고리의 상품이라도 가격이 다르게 측정될 수 있다. 앞서 언급했지만 제품에는 제품 수명 주기가 있다. '판매, 성장, 성숙' 단계를 거쳐 제품의 이미지가 높아지면 가격도 높아지는데, 그 마지막 이미지가 소비자에게 박혀 오래 기억에 남는다.

나이키의 'Just Do It', 박카스의 '피곤할 때 박카스', 이가탄의 '이 아플 때', 바디프랜드의 '건강을 디자인하라', 에듀윌의 '공무원 합격은 에듀윌'이 대표적인 예다.

당신이 상품에 대한 슬로건, 또는 강점을 만들어 그것을 바탕으로 이미지화한다면 고객은 거짓말처럼 그대로 믿을 것이다. 분명 그 안에는 상품이 지향하는 방향성, 그리고 기업의 스토리와 고객을 향한 진정성이 담겨 있을 테니 말이다.

믿을 수 있는 제품을 팔아라

상품 진행 시 반드시 지켜야 하는 국룰

20대 때 근무했던 야구 배트 제조회사에서 거래처 부장님을 만났다. 그 부장님은 전 한화이글스 투수 선수 출신이기에 나는 투수 선수 출신에서 야구 배트를 메인으로 판매한다는 것이 어떤 의미인지 물었다. 그리고 타 회사에서의 스카우트 제의는 안 들어왔는지도 물었다. 매출의 상당 부분을 부장님이 차지하고 있었고, 20대 중반인 나는 너무 궁금했다. 이름만 검색해도 나오는 유명인인 부장님은 왜 감독 또는 다른 직업군이 있을 텐데 이렇게 영업을 하고 또 메인으로 야구 배트를 판매하는지 말이다. 설명을 들으며 나는 고개를 끄덕였고, 그중 이 말씀이 가장 기억에 남는다.

"내가 여기서 이 ○배트를 판매하는데, 다른 데 옮겨서 다른 배트를 판매해달라고 하겠니. 하나로 가야지."

사람들은 상품을 구매할 때 가격을 보고 구매하지만 사용할 때는 가치를 본다. 부장님은 이것을 설명하고자 하셨던 것 같다. 상품을 판매해서 사용자가 최종적으로 누리는 가치를 전달하기 위해서 말이다.

특징 : 야구방망이, 원목, 프로선수가 사용하는 야구 배트, 경기, 연습에 사용하는 실전용 배트

기능 : 2,000, 5,000, 7,000, 9,000시리즈(원목 차이)

부가 기능 : 컬러 변경 가능, 커스텀 가능(그립, 헤더)

이용 가치 : 국제야구대회 시 프로선수들의 사용 이력, 메이저 선수들 대다수가 후원받는 제품

최종 가치 : 사용 시 멋있어 보인다. 후원을 받는 것처럼 보인다. 능력이 있어 보인다.

때로는 사람들은 1만 원짜리 상품을 구매할 때 그렇게 따지고 따져서 구매하지만 비싼 돈을 주고도 소모성 제품을 사는 예도 있다. 그 상품을 구매할 때 가치가 있다고 느껴진다면 상품을 구매하는 것이 아니라 가치를 사는 것이다. 그렇다면 판매자는 정확하게 믿을 수 있는 제품을 판매해야 한다. 가치를 제대로 소비자에게 전달하기 위해서 말이다. 가격의 차이와는 상관없이 제품의 가치를 뽑

아내고자 하는데 마케팅 포인트가 없다면 그 제품은 과연 가치가 없다는 뜻일까? 그것은 상품의 매력이 없는 것이 아니라 당신이 그만큼 노력하지 않았다는 뜻이다.

한번은 특정 지역에서 나오는 물을 원료로 사용한 가글을 제안받았다. 제품은 너무 좋아 보이고 용기 또한 참신해 보였다. 문제는 금액이었다. 상품의 판매가를 일정 금액에 맞추어 판매해달라고 요청받았는데 해당 금액대에 그 용량을 판매하기에는 무리일 것 같았다. 1차 상품 제안을 받는 과정에서 상세페이지 확인만으로 금액대 확인 후 바로 거절 의사를 밝혔다. 상품을 진행할 시 믿을 수 있는 상품을 판매하는 것도 중요하지만 보유하고 있는 마켓도 중요했다. 어디다 판매할 것이며 MOQ(Minimum Order Quantity, 최소 발주 수량) 및 정산 일정 등 다른 계약 부분들도 거래의 중요한 요소에 포함되었다. 거래의 내용 중에 어려운 부분이 있을 것으로 판단되어 거절 의사를 밝혔으나 상대 거래처에서는 정말 끈질기게 설득하며 샘플 사용 후 다시 피드백을 달라고 요청했다. 내가 생각했던 제품의 가치는 특정 지역의 물 사용, 특별한 용기, 안전인증서 등이 전부였다. 하지만 상품을 직접 사용하고 나니 가치는 달랐다. 가글이 주는 기분전환과 내 입속의 청량감 그리고 안전성이 선물해주는 구강관리 등 너무나도 다양했다. 실제로 특허까지 받은 제품이었다. 이렇듯 모든 상품에는 수많은 가치와 함께 소구점이 들어 있고, 이것을 뽑아내는 역할을 당신이 반드시 해야 한다.

거래처와 미팅에서 한 업체를 소개받았다. 그때 거래처 대표님이 나에게 하신 말씀이 기억에 남는다. 그 거래처는 알면 알수록 진국이라고 하시면서 잘 관리하라고 하셨다. 사람은 알면 알수록 함께하고 싶은 사람이 있고, 또 이와 반대인 사람도 있다.

고객은 자신이 보고 싶은 것만 보고 믿고 싶은 것만 믿는다. 모두가 아니라고 하고 말해도 내면에 다른 뜻이 있을 거라고 의심하며, 내가 정답이라며 그것을 알려고 하지 않는다. 마찬가지로 상품을 대하는 태도도 같다. 인지적 편향성을 보이는데 지갑을 열기 전까지만 해도 이것 따지고, 저것 따지면서 결론은 같다. 나에게 득이 되길 바라며 구매를 하는 것이다.

대표적인 사례가 다이어트 제품 또는 건강기능식품이다. 다이어트 제품을 판매할 때 건강기능식품인지, 건강보조식품인지에 따라 상세페이지 기획이 달라진다. 건강기능식품의 경우 상세 심의 필 이미지를 그대로 사용하고, 건강보조식품일 경우 이미지를 추가 기획해 판매를 진행한다.

다이어트 제품을 건강보조식품으로 제안하고 판매했을 때의 일이다. 이때 소비자는 '2주 후 달라진 나의 모습'의 문구처럼 정말 효과가 있는지 문의했다. 분명 상세페이지에 사람마다 개인차가 있다고 기재해두었는데 해당 문구는 보지 못했던 것 같다. 소비자는 정말 답이 궁금해서 전화했을까? 아마 이런 대답을 원했을 것이다. "운동과 병행하면 조금 더 시너지가 날 것입니다", "사람마다 개인차가 있으나 주문은 폭주 중입니다", "인기가 많은 제품으로 다이어트를 하려고 많이 찾으십니다." 소비자는 해당 제품을 구매해도 되는지, 그리고 내가 이 제품을 구매하는 것에 대해 안심할 수 있도록 한마디 듣고 싶었던 것 같다. 이때는 그들이 원하는 말을 해주면 된다. 듣고 싶어 하는 말을 해주는 것이다.

믿을 수 있는 제품도 때로는 변수를 일으킬 수 있다. 어떻게 세상 모든 일을 확신하겠는가. 다만 MD 스스로가 상품에 대해 확신이 있고 고객에게 당당하게 소개할 제품을 판매하는 것이 맞다. 그 가치를 설명할 때 단순한 제품의 기능, 효능에 대한 설명뿐만이 아니라 최종 고객이 누릴 수 있는 가치까지 설명한다면 고객은 더욱 신뢰하게 될 것이다. 그러면 고객은 스스로 결론을 내릴 것이다. 해당 제품은 나를 위해 준비된 제품이라고 말이다.

위기가 기회다

됩니다! 더 잘됩니다!

사람들마다 각자 일을 처리하는 방식은 다르다. 저마다 발생한 문제를 해결한다고 하지만 계속해서 꼬여가는 일 때문에 이러지도 저러지도 못하는 느낌을 받아본 적이 있을 것이다. 자꾸만 하향곡선을 그리는 매출로 인해 본부장님은 MD 개개인에게 면담을 신청하셨다.

MD들은 현시점에서 각자가 생각한 해결점을 제시해 회사 매출이 회복되고 앞으로 나아갈 수 있는지에 대해 소신껏 발언했다. 물론 누구도 코로나 팬데믹으로 인해 시장의 패턴과 소비 패턴이 이렇게까지 달라지리라고는 상상하지 못했다. 하지만 영업을 담당하고 있는 포지션으로서는 정말 하루하루가 긴 터널처럼 느껴져 탈출하고 싶은 마음뿐이었다.

생각이 모든 일의 근원이라고 하는 것을 책을 통해 알게 된 후 나는 매일 되새겼다.

나에게는 풍요가 준비되어 있다. 나는 매일 모든 면에서 나아지고 있다.
우리 회사는 매출이 원상회복된다. 그리고 모두 개인의 능력이 매일 나아지고 있다.

나의 바람과 소원대로 하루가 지나가길 바라며 시간을 보내고 있을 때, 회사 메일에서는 폐업 또는 휴업에 관련된 거래처 메일이 매주 새롭게 들어오고 있었다. 그 정도로 현실은 너무나도 처참했다. 하루에 카카오톡이 800~1,000개 이상 넘치게 소통했는데, 어느덧 300~500개로 줄어든 것을 알 수 있었다.

그래도 데일리 루틴대로 업무를 해야 직성이 풀리는 워킹맘은 매일같이 인사를 했다. 인사를 하고 상품을 영업해도 피드백이 없거나 휴업했다고 답장을 주는 거래처도 있었다. 거래처가 늘어나야 하는 상황에서 줄어들고 있었고, 나는 이 상황에서 제조사들의 전화까지 받으며 조금씩 마음이 조급해져만 갔다.

이런 상황일 경우 만약 나의 사업이라면 어떤 선택으로 돌파구를 모색했을까? 나 자신에게 질문을 던져보았다. 줄어드는 거래처, 그리고 사회적 이슈는 좋아짐과 나빠짐의 연속이다. 실적 매출이 내림세를 보일 때 단순히 상품을 많이 판매하는 것이 해결책인지 아니면 근본적인 원인이 무엇인지가 궁금했다. 아무래도 본부장님은 그것을 알고 싶으셨던 것 같다. 사회생활 선배가 예전에 나에게 해주던 말이 있다.

"영업자는 다른 것 필요 없어. 고객의 간지러운 곳만 긁어주면 돼."

그때는 그렇게 와닿지 않았는데 지금은 뼈저리게 체감하는 문장이 되어버렸다. 나에게는 외부 고객과 내부 고객이 존재했고, 외부 고객도 소비자, 거래처, 그리고 거래처도 제조사, 유통사 이렇게 분류가 되어 있었다. 한마디로 온통 고객에게 둘러싸인 것만 같았다. 이렇게 나 스스로 고객 정의를 다시 하면서 무릎을 치며 휴대전화로 제조사에 하나씩 전화를 돌리기 시작했다. 제조사 또한 하나의 유통사 판매처가 될 수 있을 거라고 생각한 것이다.

잠재 고객을 구매 고객으로 전환하자는 작전이었다. '설마 가능할까?' 하며 의심했던 그 작전, 어설픈 워킹맘의 시나리오는 하나씩 매출로 돌아오고 있었다.

무엇을 생각하든지 일단 끌어당기면 된다고 했고 나는 믿었다. 나는 목표 달성을 하고 매출을 회복할 것이라고 믿었다. 그렇게 시간이 흐른 후, 회사에서는 조직개편이 일어났다. 3명이 영업하던 체제에서 MD 1명이 전체 상품을 핸들링함과 동시에 영업을 전적으로 담당하게 된 것이다. 그리고 그 1명이 바로 내가 되었다.

허심탄회하게 말해보라고 해서 정말 솔직하게 말한 것이 씨가 될 줄이야. 나는 이 순간부터 돈 안 되는 말은 쓰지 않겠다고 다짐했다. 최대한 긍정언어, 성공언어, 확신의 언어만을 사용하려고 노력했다. 말의 힘은 정말 놀랍고도 무서운 것이다. 여러분들도 실제로 체험해보고 꼭 이루기를 바란다.

말의 선택과 올바른 사용 방법에 따라 매일 하루가 달라진다는 것을 깨닫고 나는 이것을 나의 업무에 매일 적용하기 시작했다. 돈 되는 생각을 매일 하고 언어로 뱉는 것이다. 매일 아침 9시 30분이면 B2B(Business to Business, 기업간 전자상거래) 팀은 오전 회의를 진행한다. 이때 본부장님은 나에게 매일 보고하라고 요청한 것이 있었다. 어떤 거래처에 주력 상품으로 무엇을 판매할 것인지 보고하라는 것이었다. 문장으로 표현하니 참으로 쉬워 보이지만 실제로 우리 회사에서 운영하는 상품은 200(2022. 7월 기준)여 개가 넘는다. 메인 상품과 서브 상품 그리고 시즌 상품 등 상품마다의 카테고리가 정해져 있었고, 또 담당 MD가 개인적으로 관리하고 있었으므로 효율적으로 운영할 수 있었다. 그러나 지금은 오로지 MD 1명이 관리해야 하는 상황이므로 상당히 업무가 무겁게 느껴졌다. 그런데, 시작도 하기 전에 겁먹고 빼는 것은 나와는 맞지 않다고 생각했다. 그리고 나에게는 항상 도움을 주는 회사 동료들이 있었다.

돈 안 되는 생각과 일을 하면 결과는 당연히 부정적일 수밖에 없을 것이다. 본부장님에게 어떻게 하면 영업왕이 되고 목표를 빠르게 달성할 수 있는지 되물었다.

"메인 상품 위주로 판매를 시작하고, 메인 거래처들을 방문하도록 하자."

시장의 변화 속에서 키맨이라고 여겼던 MD들의 퇴사와 함께 오랜 기간 오프라인 미팅을 하지 못하자 사이가 데면데면해졌다. 다시 신뢰관계를 형성하기 위해서 그리고 신규로 출시된 상품을 소개하기 위해서라도 우리는 미팅이 절실히 필요했다. 나는 그날부터 거래처 미팅을 잡기 시작했다. 거래처뿐 아니라 제조사 또한 미팅이 필요할 경우 적극적으로 찾아뵙고 신규 상품을 제안받았다. 이 과정에서 기존에 내가 메인으로 담당하던 상품들을 우선시하지 않았다. 다른 MD들의 상품부터 분석하고 판매하기 시작했다. 그렇게 1개월, 2개월이 지났고, 2022년 7월, 달성할 수 있을까 생각만 했던 금액인 월 매출 2억 원을 올리는 워킹맘이 되었다.

간다 마사노리(神田昌典)는 '성장 곡선의 법칙'을 이렇게 설명했다. 상품의 매출과 회사의 손익에 변화가 생길 때는 회사 내부 역시 변화하라는 신호이며 여기서 변화를 준다면 큰 기회가 올 것이라고 했다. '성장 곡선의 법칙'에서는 사업 수익의 80~85%는 성장기 때

벌어들인다고 한다. 반대로 말하면 도입기와 성숙기를 합쳐도 수익이 7.5~10%밖에 되지 않는다는 것이다.

'작년과 올해는 다르네. 작년에는 팔렸는데, 올해는 왜 안 팔릴까?' 나는 이런 생각을 하며 MD 1년을 보내왔다. 돈 버는 사람은 지금을 생각하는 것이 아닌 앞으로의 리스크를 준비해야 한다. 늘 AARP 시간에 본부장님이 내게 리스크 관리를 하라고 하셨던 것처럼 말이다. 새로운 변화를 통해 나는 매일 발전하고 있다고 확신했고, 그것이 매출 증가라는 성과로 나타나고 있었다.

내게 너무 많은 상품이 큰 무게로 느껴져서 상품을 줄이고 단일화하도록 노력했다. 그리고 조금 더 퍼포먼스를 보일 수 있는 것에 집중할 수 있도록 회사에서도 업무를 분담시켜주었다. 나 혼자 잘나서 결과가 잘 나왔다고 생각하지 않는다. 말과 의식의 변화, 그리고 이것이 나의 업무의 질적 향상에 가장 큰 도움을 주었다. 그리고 내가 적응할 수 있도록 함께해준 동료들의 도움이 큰 보탬이 되었다.

끄덕이고, 빠져들고, 사게 만들어라

결론은 고객 스스로 내게 하라

'워킹맘', '낀대', '육아휴직을 고민하는 깊은 슬럼프', '나 자신보다 남의 이목이 더 중요하다고 생각하는 마음', '낮아진 자존감', '어긋나는 부부, 자녀와의 관계', '무기력함'….

2022년 1월 이후 어느 날 나에게 이 모든 것들이 한꺼번에 갑자기 찾아왔다. 감당이 되지 않았다. '단 1명만이라도 내 옆에서 편을 들어준다면…'이라는 생각이 간절했다. 그렇게 나 혼자라는 생각이 클 때, 버킷리스트를 이루고자 '한국책쓰기강사양성협회' 김태광 대표님을 찾아뵈었다. 거기서 나는 책 쓰기 코칭 과정을 통해 첫 번째 책을 출간하게 되었다. 《영알못이 알려주는 엄마표 영어 공부법》 책을 집필하는 과정에서 다시 한번 과거를 돌아보았다. 나는 학창 시절에도 영어 하나 모르고 시작해서 영문학과를 졸업했다. 그것도 필리핀에서 말이다. 지금 나는 내가 못할 거라고 여겼던 MD 업무를 3년 넘게 하고 있으며, 실적도 계속 유지되고 있다.

나의 첫 번째 책은 삶의 전환점이 되었다. 컴맹이라고 생각한 내가 유튜버가 되어 있었고, 어느 순간 독자들과 함께 소통하며 삶 속에서 행복과 감사가 늘어났다. 부정적이고 어두웠던 일상이 점점 긍정으로 변화되기 시작했다. 보물지도를 작성하며 나의 미래에 대해 목표들을 시각화했고, 매일 이루기 위해 노력했다.

그렇게 나는 육아휴직을 내기로 했던 마음을 접고 내가 맡은 업무에 최선을 다하고 있다. 그 과정에서 나에게는 많은 변화가 있었다. 입사 초기 월 몇천만 원의 매출을 내던 MD였다가 어느 순간 월 1억 원 달성, 얼마 지나지 않아 다시 몇천만 원 달성이라는 내리막길까지, 매출은 굴곡이 있었다. 그렇게 시간이 흘러 지금 나의 모습까지 온 것이다. 현재 나는 회사 B2B를 담당하고 있는 MD다. 매출은 월 평균 2억 원 이상을 달성하고 있지만, 목표는 3억 원으로 올해 달성하는 것을 목표로 하고 있다.

목표를 향해 시각화하고 실행하라

처음 상품을 제안받고 싶어 거래처에 상품문의를 했을 때, 재고가 없거나 예약 마감이라는 말을 들었다. 거래처의 뜻은 거절이었음에도 전혀 알아채지 못하고 그 단어 자체로 해석하던 MD에서 이제는 그렇게 상품을 제안하는 MD로 바뀌었다. 그리고 여전히 상품을 선정한다. 즉, 하던 업무는 그대로며 신규 업무들이 늘어난 것이다. 다양한 경험을 통해 상품을 판매하는 것이 단순히 상품을 판매하는 것이 아닌 상품이 가지고 있는 본연의 가치를 판매하는 것이라는 것을 알기까지 긴 시간이 걸렸다. 그렇게 사람들은 자신이 어떠한 상황에 직면하지 않으면 앞으로의 일 또한 예상하지 못하는 것이다.

판매자와 소비자는 함께하는 파트너다. 서로가 있어야만 존재할 수 있다. 그렇다면 서로에 대해 얼마나 알고 있는가? 알아서 팔리는 물건이 되기까지는 그 주인을 정확하게 만나야 하는데, 만남을 연결해줄 역할이 바로 판매자, MD다. 고객에 대한 정의와 상품에 대한 가치, 소구점을 먼저 세우자. 내가 가지고 있는 무기들을 시각화한 후, 그 뒤 꾸미면 된다. 바로 기획과 함께 말이다.

사람의 마음을 움직이려면 무엇이 필요한지 알면 된다. 판매하고자 하는 상품이 누구에게 도움이 되고, 어떻게 쓰일 것인지, 그리고 이것을 사용함으로써 소비자는 어떤 가치를 느끼게 될 것인지 생각하자. 그것을 상세페이지 안에 잘 녹여서 소비자에게 전달함으로써 공감대를 형성한다. 소비자는 현명하다. 꼼꼼하며 누구보다도 빠르게 움직인다. 상품에 대한 정보를 온라인을 통해 검색하며 다른 제품과 비교하는 능력을 갖추고 있다. 반드시 정확한 사실만을 기재해야 하며 법의 테두리 안에서 작성되어야 한다. '이것 하나쯤이야'라는 생각으로 MD가 상세페이지를 기획해서 과대 이미지가 만들어질 경우, 회사와 거래처에게 끼칠 피해 역시 생각해야 한다. 순간 매출은 늘어날 수 있지만 잃는 것이 더 많을 수 있다. '소탐대실(小貪大失)'이라고 작은 것을 탐하다가 큰 것을 잃어버릴 수 있다.

'일각천금(一刻千金)'이란 말이 있다. 고객은 우리에게 정말 짧은 시간을 준다. 그 시간 안에 고객의 시선을 사로잡아야 하며 가치까지 부여해야 한다. 그것도 오프라인 만남에서 설명이 아닌 온라인에서 이미지, 문구, 또는 동영상을 통해서 말이다. 이때, 우리는 고객의 주의를 빠르게 사로잡을 문구와 상품을 명확하게 소개해줄 이미지, 그리고 왜 이것을 사야 하는지 보여줄 수 있는 통계 데이터 등을 제시해 고객에게 가치를 부여해주어야 한다.

내가 아무리 제품에 대한 확신이 있어도 구매는 소비자가 해야 한다. 그 결론은 소비자의 몫으로 남겨두자. 내가 결론을 내리지 말고 소비자가 결론을 내릴 수 있도록 생각할 수 있게 한다면 이것 자체가 끄덕이고, 빠져들고, 사게 만드는 과정까지 이른 것이다.

상품을 기획할 때 사용자의 기억에 남을 만한 가치를 전달함으로써 이것을 사용 가치로 전환한다면 구매는 재구매로 이어지고,

이 행위가 반복됨으로써 충성 고객으로 전환될 수 있을 것이다. 상품의 가치만 제대로 전달되면 판매자도 소비자도 제품 하나에 행복을 함께 느낄 것이다. 내가 판매하고 있는 제품들은 하나같이 그렇다. 내가 제품에 대한 신뢰가 있고, 나 스스로가 사용할 수 있는 제품들만 제안한다. 내가 믿고 가치를 인정하는 제품을 판매하는 것을 기본 중의 기본으로 하자. 세상은 돈이 다가 아니다. 그 위에 더 큰 것이 존재한다.

월 매출 2억을 올리는 워킹맘의 세일즈 비밀

제1판 1쇄 2022년 11 월 16일

지은이 이현주
펴낸이 최경선 **펴낸곳** 매경출판(주)
기획제작 ㈜두드림미디어
책임편집 우민정 **디자인** 얼앤똘비악earl_tolbiac@naver.com
마케팅 김성현, 한동우, 장하라

매경출판㈜
등록 2003년 4월 24일(No. 2-3759)
주소 (04557) 서울시 중구 충무로 2(필동1가) 매일경제 별관 2층 매경출판㈜
홈페이지 www.mkbook.co.kr
전화 02)333-3577
이메일 dodreamedia@naver.com(원고 투고 및 출판 관련 문의)
인쇄·제본 ㈜M-print 031)8071-0961
ISBN 979-11-6484-481-4(03320)

책 내용에 관한 궁금증은 표지 앞날개에 있는 저자의 이메일이나 저자의 각종 SNS 연락처로 문의해주시길 바랍니다.

책값은 뒤표지에 있습니다.
파본은 구입하신 서점에서 교환해드립니다.